Amesha Spentas, Yazatas e Zaratustra
Revelações de um Legado Espiritual

Nina Vale

Original Title: *Amesha Spentas, Yazatas and Zarathustra – Revelations of a Spiritual Legacy*

Copyright © 2025, publicado por Luiz Antonio dos Santos ME.

Este livro é uma obra de não-ficção que explora práticas e conceitos no campo da espiritualidade ancestral. Através de uma abordagem profunda, a autora resgata elementos do Zoroastrismo, destacando suas figuras espirituais centrais e revelações filosófico-religiosas com foco no desenvolvimento da consciência ética e existencial.

1ª Edição
Equipe de Produção
Autor: Nina Vale
Editor: Luiz Santos
Capa: Studios Booklas / Alvaro Quirós
Consultor: Telmo Arakhan
Pesquisadores: Mireya Dalen, Cosmo Rulven, Eliah Trenor
Diagramação: Sabina Kohr
Tradução: Yaron Felk

Publicação e Identificação
Amesha Spentas, Yazatas e Zaratustra – Revelações de um Legado Espiritual
Booklas, 2025
Categorias: Espiritualidade / Filosofia Antiga
DDC: 299.6 - **CDU:** 299.4

Todos os direitos reservados a:
Luiz Antonio dos Santos ME / Booklas
Nenhuma parte deste livro pode ser reproduzida, armazenada num sistema de recuperação ou transmitida por qualquer meio — eletrônico, mecânico, fotocópia, gravação ou outro — sem a autorização prévia e expressa do detentor dos direitos de autorais.

Sumário

Índice Sistemático 5
Prólogo 10
Capítulo 1 Zoroastrismo 13
Capítulo 2 A Vida de Zaratustra 20
Capítulo 3 A Revelação de Mazda 26
Capítulo 4 Ahura Mazda 32
Capítulo 5 Nomes e Títulos de Mazda 38
Capítulo 6 Angra Mainyu 44
Capítulo 7 O Conflito Cósmico 50
Capítulo 8 A Criação Divina 56
Capítulo 9 Os Sete Imortais 62
Capítulo 10 Vohu Manah 68
Capítulo 11 Asha Vahishta 74
Capítulo 12 Khshathra Vairya 80
Capítulo 13 Spenta Armaiti 85
Capítulo 14 Haurvatat 90
Capítulo 15 Ameretat 96
Capítulo 16 Hierarquia Espiritual 101
Capítulo 17 Os Yazatas 107
Capítulo 18 Mithra, o Juiz 113
Capítulo 19 Anahita, a Senhora das Águas 118
Capítulo 20 Tishtrya, o Estelar 123
Capítulo 21 Sraosha, o Guardião da Consciência 128
Capítulo 22 Rashnu, o Pesador 133

Capítulo 23 Atar, o Espírito do Fogo 138
Capítulo 24 Haoma, a Planta Divina 143
Capítulo 25 Fravashis, os Protetores 148
Capítulo 26 Dualidade nos Seres Espirituais 153
Capítulo 27 Rituais de Invocação 159
Capítulo 28 Entidades Femininas 165
Capítulo 29 Religião Viva 171
Capítulo 30 Reflexão Filosófica 177
Capítulo 31 Unidade na Diversidade 183
Epílogo 189

Índice Sistemático

Capítulo 1: Zoroastrismo - Apresenta o Zoroastrismo como um sistema de crenças da antiga Pérsia, focado na ética e no dualismo entre ordem e caos, verdade e mentira, luz e trevas.

Capítulo 2: A Vida de Zaratustra - Descreve a vida de Zaratustra, o profeta que fundou o Zoroastrismo, destacando sua rejeição ao politeísmo e sua revelação de Ahura Mazda como a única divindade.

Capítulo 3: A Revelação de Mazda - Explora a revelação de Ahura Mazda a Zaratustra, enfatizando a importância do livre-arbítrio, a existência do bem e do mal, e os Amesha Spentas como aspectos divinos.

Capítulo 4: Ahura Mazda - Detalha a concepção de Ahura Mazda como a sabedoria ordenadora do cosmos, a fonte de todo bem, verdade e luz, e sua relação com os Amesha Spentas.

Capítulo 5: Nomes e Títulos de Mazda - Explora os diversos nomes, títulos e epítetos atribuídos a Ahura Mazda, revelando diferentes aspectos de sua natureza e sabedoria.

Capítulo 6: Angra Mainyu - Apresenta Angra Mainyu, o espírito da destruição, como a antítese de Ahura Mazda, responsável pelo caos, pela mentira e pela corrupção no universo.

Capítulo 7: O Conflito Cósmico - Descreve o conflito entre Ahura Mazda e Angra Mainyu como uma batalha entre ordem e caos, luz e escuridão, que se manifesta tanto no plano espiritual quanto no interior humano.

Capítulo 8: A Criação Divina - Explora a concepção zoroastriana da criação do mundo por Ahura Mazda em sete etapas, cada uma associada a um Amesha Spenta, e a importância da criação como manifestação da ordem e do propósito divinos.

Capítulo 9: Os Sete Imortais - Apresenta os Amesha Spentas, as sete emanações divinas de Ahura Mazda, que representam aspectos de sua sabedoria e atuam como intermediários entre o divino e o humano.

Capítulo 10: Vohu Manah - Explora o conceito de Vohu Manah, a "Boa Mente", como a emanação divina que guia o pensamento humano para a sabedoria, a compaixão e a justiça.

Capítulo 11: Asha Vahishta - Apresenta Asha Vahishta, a "Verdade Suprema", como o princípio cósmico da ordem, da justiça e da retidão, que permeia tanto o universo quanto a conduta humana.

Capítulo 12: Khshathra Vairya - Detalha a importância de Khshathra Vairya como a emanação divina que representa o "Domínio Ideal" e o exercício justo do poder e da autoridade.

Capítulo 13: Spenta Armaiti - Apresenta Spenta Armaiti, a "Devoção Amorosa", como a emanação divina que representa a humildade, a paciência, o cuidado e a conexão com a terra.

Capítulo 14: Haurvatat - Explora o significado de Haurvatat, a "Plenitude", como a emanação divina que representa a saúde, a integridade e a harmonia tanto no plano físico quanto no espiritual.

Capítulo 15: Ameretat - Apresenta Ameretat, a "Imortalidade", como a emanação divina que representa a continuidade da vida, a renovação e a esperança na vitória final do bem sobre o mal.

Capítulo 16: Hierarquia Espiritual - Descreve a hierarquia espiritual do Zoroastrismo, que organiza os seres divinos em uma estrutura funcional e cooperativa, liderada por Ahura Mazda e os Amesha Spentas.

Capítulo 17: Os Yazatas - Apresenta os Yazatas, uma vasta gama de espíritos divinos que protegem e zelam por aspectos específicos da criação, da natureza e da vida humana.

Capítulo 18: Mithra, o Juiz - Detalha a figura de Mithra, o Yazata da aliança, da luz e da justiça, que observa os pactos humanos e age como juiz no além.

Capítulo 19: Anahita, a Senhora das Águas - Apresenta Anahita, a Yazata das águas, da fertilidade e da purificação, como uma figura feminina poderosa e essencial no Zoroastrismo.

Capítulo 20: Tishtrya, o Estelar - Explora a figura de Tishtrya, o Yazata das estrelas e das chuvas, associado à fertilidade e à luta contra a seca e o caos.

Capítulo 21: Sraosha, o Guardião da Consciência - Apresenta Sraosha, o Yazata da escuta, da obediência e da vigilância da alma, que protege os seres humanos das influências malignas e guia suas consciências.

Capítulo 22: Rashnu, o Pesador - Apresenta a função de Rashnu como o Yazata da justiça, que pesa as ações das almas na travessia da ponte Chinvat, enfatizando a importância da retidão e da coerência entre pensamento, palavra e ação.

Capítulo 23: Atar, o Espírito do Fogo - Descreve Atar, o espírito do fogo, como símbolo da verdade, da pureza e da presença divina, central nos rituais zoroastrianos e na purificação espiritual.

Capítulo 24: Haoma, a Planta Divina - Explora o significado de Haoma, tanto como planta sagrada quanto como divindade, utilizada em rituais para fortalecer a alma e conectar o humano ao divino.

Capítulo 25: Fravashis, os Protetores - Apresenta os Fravashis, essências espirituais que protegem e guiam os seres humanos, representando tanto o eu superior individual quanto os ancestrais e forças da natureza.

Capítulo 26: Dualidade nos Seres Espirituais - Explora a presença da dualidade em certos seres espirituais do Zoroastrismo, que podem manifestar aspectos tanto de luz quanto de sombra, e a existência de entidades malignas que imitam ou invertem as do bem.

Capítulo 27: Rituais de Invocação - Descreve os rituais zoroastrianos de invocação dos seres espirituais, incluindo a importância da palavra, da purificação, do fogo e do papel dos sacerdotes na comunicação com o divino.

Capítulo 28: Entidades Femininas - Apresenta as importantes figuras femininas do Zoroastrismo, como Spenta Armaiti, Anahita e Daena, que representam aspectos essenciais da criação, da espiritualidade e da moralidade.

Capítulo 29: Religião Viva - Demonstra a continuidade e a relevância do Zoroastrismo no mundo contemporâneo, com suas práticas, rituais e crenças adaptando-se aos desafios da modernidade e mantendo vivas as conexões com o panteão espiritual.

Capítulo 30: Reflexão Filosófica - Apresenta uma reflexão filosófica sobre o Panteão Espiritual do Zoroastrismo, explorando como as entidades divinas podem ser compreendidas como arquétipos da alma humana em sua jornada de autoconhecimento e crescimento espiritual.

Capítulo 31: Unidade na Diversidade - Conclui com uma reflexão sobre a unidade presente na diversidade do Panteão Espiritual do Zoroastrismo, onde todas as entidades são compreendidas como emanações da única luz de Ahura Mazda, e como essa unidade se reflete na vida humana e na busca pela harmonia cósmica.

Prólogo

Durante séculos, o olhar ocidental foi moldado para enxergar o divino através de janelas estreitas. À medida que os séculos avançavam, o que antes era mistério sagrado passou a ser doutrina engessada. A espiritualidade foi convertida em sistema, e o sagrado — que deveria ser vasto como o cosmos e íntimo como o próprio espírito — foi encapsulado em fórmulas repetidas, catequizado, domesticado. As grandes instituições religiosas, com seus dogmas e estruturas de poder, tomaram para si o papel de intérpretes do invisível, esquecendo que o elo mais puro com o divino jamais precisou de intermediários.

Mas algo começou a mudar.

Com o surgimento da era da informação, com o acesso livre ao conhecimento antes velado, iniciou-se um movimento silencioso — e profundo. Homens e mulheres, inquietos em sua fé condicionada, começaram a questionar. A buscar. A desconfiar dos templos de pedra que substituíram a luz da consciência. E foi nesse terreno fértil de dúvidas sagradas que emergiu um novo tipo de buscador: aquele que não aceita respostas prontas, que recusa o conforto da repetição, que anseia por um reencontro com aquilo que é genuíno, ancestral, visceral.

Este livro é o reflexo dessa busca. Ele não oferece dogmas — oferece revelações. Revelações de uma espiritualidade que nasceu antes dos impérios, antes das cruzadas, antes da necessidade de controle religioso. Um conhecimento que não foi imposto por espadas ou conveniências políticas, mas sussurrado à alma de um profeta que ousou escutar a voz do universo em sua inteireza. Aqui não se trata de mitos esquecidos. Trata-se de uma sabedoria que sobreviveu porque permaneceu íntegra. Porque nunca precisou se adaptar para sobreviver. Porque sua força reside justamente na sua pureza.

O Zoroastrismo — este sistema espiritual que você está prestes a explorar — não pertence ao passado. Ele pertence à essência da humanidade. A ética que o sustenta, o dualismo consciente entre verdade e mentira, a clareza do livre-arbítrio como fundamento da vida, tudo isso ressoa como um eco familiar para aqueles que se permitiram romper as correntes invisíveis do pensamento domesticado. Não se trata de acreditar em uma nova teologia, mas de reconhecer um saber que sempre esteve presente, à margem, aguardando que o olhar se tornasse limpo o suficiente para vê-lo.

Os Amesha Spentas, as inteligências divinas que estruturam a criação; os Yazatas, forças espirituais que protegem a ordem do mundo; Zaratustra, o homem que não fundou uma religião, mas reacendeu uma consciência. Tudo isso não é folclore, é código espiritual. Este livro, com profundidade admirável, não entrega respostas enlatadas, mas conduz por uma trilha de entendimento que só pode ser percorrida com o coração aberto e a mente desperta.

O mundo moderno tenta preencher o vazio espiritual com fórmulas de autoajuda ou espiritualidades plásticas, feitas para entreter, não para transformar. Aqui, o caminho é outro. É um mergulho. Um retorno às raízes de uma visão sagrada da realidade onde o ser humano é agente, e não súdito. Onde Deus — Ahura Mazda — não exige temor, mas consciência. Onde o bem não se impõe por castigo, mas se conquista por clareza. E onde cada pensamento, cada palavra e cada ação são instrumentos da ordem cósmica ou da ruína interior.

Não se trata de simbologias remotas, mas de revelações que dialogam com os dilemas mais urgentes da nossa época: liberdade espiritual, integridade ética, sentido existencial. Enquanto as instituições correm para se modernizar, para manter influência, para não perder fiéis, esta sabedoria milenar permanece serena, oferecendo algo que nenhuma reforma é capaz de fabricar: coerência.

É impossível atravessar estas páginas sem ser desafiado. Elas confrontam a passividade da fé cega. Derrubam os altares construídos sobre o medo. Desmontam a imagem de um divino feito à semelhança da autoridade humana. Em seu lugar, oferecem um sagrado que respira com a criação, que ilumina por dentro, que se manifesta na escolha cotidiana pela verdade, mesmo quando ela é silenciosa, impopular ou difícil.

Prepare-se para encontrar uma espiritualidade que não pede conversão, mas lucidez. Que não promete recompensas fáceis, mas entrega sentido. Que não impõe rituais, mas revela princípios eternos. Este livro é uma travessia — e como toda travessia verdadeira, exige coragem. Mas do outro lado está algo que nenhuma religião institucionalizada conseguiu preservar: o reconhecimento de que o divino não é uma crença, é uma presença. E ela está esperando você no espaço mais sagrado que existe: a consciência desperta.

Sim, é aqui que a jornada começa. Se permita atravessar esta ponte entre o que você aprendeu e o que seu espírito sempre soube. A luz que guia esta leitura não vem de fora. Ela já arde dentro de você.

Capítulo 1
Zoroastrismo

No âmago do pensamento espiritual da antiga Pérsia, erguia-se um sistema de crenças que não apenas influenciaria civilizações por milênios, mas moldaria a essência da luta moral humana: o Zoroastrismo. Diferente das tradições politeístas que dominavam os desertos e planícies da Mesopotâmia, essa fé se consolidava ao redor de um núcleo ético rigoroso, sustentado por um dualismo profundo entre forças cósmicas opostas. Não era um panteão de deuses em rivalidade por culto, mas um confronto fundamental entre ordem e caos, verdade e mentira, luz e trevas — conflito esse que não habitava apenas os céus, mas cada decisão humana.

O Zoroastrismo ergue-se como um farol de disciplina moral, onde a fé não se impõe pela submissão ritualística, mas pela escolha consciente. Essa escolha se dá entre seguir o caminho de Asha — a verdade, a ordem, a retidão — ou cair nos domínios de Druj — a falsidade, o engano, o desvio. A existência, nesse sentido, é um campo de batalha onde cada pensamento, palavra e ação pesa na balança cósmica. Essa concepção não se limita ao plano abstrato; ela é profundamente vivencial. Cada ser humano é convidado, quase intimado, a participar dessa guerra invisível que move o universo.

Ahura Mazda, o Senhor da Sabedoria, é o centro irradiador dessa doutrina. Não uma divindade moldada em forma ou em ídolos, mas uma consciência criadora, a própria inteligência ordenadora do cosmos. Ele é luz infinita, não no sentido literal, mas como metáfora viva para o conhecimento, a sabedoria, a claridade moral. Sua existência não se faz em aparições visíveis, mas em cada instância da criação que sustenta a vida, na harmonia dos elementos, na justiça que governa os destinos, na consciência que desperta nos corações humanos. Ele não é um deus distante; Ele é imanente à ordem que protege o mundo da dissolução.

Em oposição radical a essa presença benigna está Angra Mainyu — o Espírito da Destruição. Não um ser com garras ou chifres, mas a essência do caos, a negação da criação, a escuridão que deseja apagar a centelha de vida e verdade acesa por Ahura Mazda. Angra Mainyu não cria nada; ele corrompe. Ele não forma, ele dissolve. Sua existência não é complementar à de Mazda, mas um assalto contínuo à integridade do real. É uma força que contamina, não que edifica; que obscurece, não que revela.

A tensão entre esses dois princípios — Spenta Mainyu, o Espírito Santo de Mazda, e Angra Mainyu — estrutura o cosmos em camadas de significação moral. Não há neutralidade nesse mundo. O que existe é parte da criação sagrada ou do plano de destruição. A ética, portanto, torna-se um imperativo existencial. Não é possível existir verdadeiramente sem tomar posição.

Esse princípio reverbera na fórmula mais conhecida da doutrina: "Bons pensamentos, boas palavras, boas ações." Esses três pilares são como chaves que conectam o indivíduo ao fluxo de luz que parte de Ahura Mazda. Desviá-los é permitir que a sombra se expanda.

A revelação dessa cosmologia não foi aleatória nem fruto de meditação coletiva. Ela foi comunicada a um homem: Zaratustra. Um profeta nascido em um tempo de instabilidade espiritual, onde múltiplos deuses e rituais sanguinários consumiam a fé do povo. Ele surge como um insurgente espiritual, rompendo com a idolatria e declarando que há apenas uma divindade digna de adoração. Sua voz anuncia uma revolução teológica: não existem deuses brigando por oferendas, existe uma única fonte de bem, cuja existência convoca à responsabilidade, não ao medo. Ao proclamar Ahura Mazda como o Criador Único, Zaratustra não apenas rompe com o politeísmo, mas inaugura um novo conceito de fé — aquele que nasce da consciência e não do costume.

Os escritos atribuídos a Zaratustra estão reunidos nos Gathas, cânticos que não apenas delineiam preceitos religiosos, mas vibram com poesia mística. Neles, é possível perceber a densidade da relação entre o divino e o humano. Ahura Mazda não exige submissão, mas cooperação. Ele não reina por terror, mas por sabedoria. Ele revela, não impõe. E ao ser revelado, o mundo ganha sentido. A ética, a natureza, o tempo, o destino — tudo se entrelaça na teia luminosa que Mazda tece com aqueles que escolhem Asha.

Essa revelação se desdobra na existência dos Amesha Spentas — seres espirituais que não são deuses em si, mas aspectos da própria divindade. Eles representam não apenas ideias ou virtudes, mas categorias reais da criação. A Boa Mente, a Verdade Suprema, a Devoção Amorosa — essas não são abstrações, são inteligências ativas, forças conscientes que sustentam o mundo. Eles não competem entre si, pois todos são manifestações de um mesmo princípio: a sabedoria ordenadora. Cada um desses seres será revelado com clareza nos capítulos que seguem, mas aqui é essencial compreender que o Zoroastrismo não é um politeísmo disfarçado. É uma espiritualidade onde a multiplicidade de formas expressa a unidade essencial.

O tempo também possui estrutura moral dentro dessa cosmovisão. O universo foi criado com propósito, em etapas, e segue uma linha temporal com início, meio e fim. Não é cíclico como em outras tradições orientais. É linear e teleológico. O mundo caminha para a renovação total, o Frashokereti. Nesse fim glorioso, o mal será aniquilado, o tempo será purificado e todos os mortos ressuscitarão para um julgamento final, onde cada alma atravessará a ponte Chinvat — uma passagem sutil que se alarga para os justos e se estreita como lâmina para os ímpios. Esse juízo não é arbitrário, mas consequência direta da vida vivida.

O fogo ocupa papel central na prática religiosa. Não por fetichismo elementar, mas por ser a manifestação visível da luz divina. Em cada templo, uma chama é mantida acesa como sinal da presença de Ahura Mazda, da clareza moral que se deseja manter. O fogo é o elo entre os mundos, entre a materialidade da vida e a pureza do espírito. Olhar o fogo, protegê-lo, orar diante dele — é como fitar a essência do próprio divino. A oração zoroastriana, assim, não é murmúrio passivo, mas afirmação ativa de conexão com o bem.

Apesar de ter perdido sua posição dominante após a islamização da Pérsia, o Zoroastrismo sobreviveu nos corações daqueles que migraram para a Índia — os Parsis — e naqueles que permaneceram no Irã como guardiões silenciosos de uma fé antiga. Suas doutrinas ecoaram em outras tradições religiosas: a ideia de céu e inferno, julgamento final, messianismo e até mesmo a figura do diabo são ecos distantes da teologia zoroastriana. Ainda hoje, suas verdades ressoam nos mistérios da escolha humana, na guerra invisível que se trava dentro de cada um.

Ao preservar uma tradição milenar de responsabilidade individual e clareza moral, o Zoroastrismo convida o ser humano a se tornar não apenas espectador, mas agente ativo no drama do universo. Esse chamado à ação ética, sustentado pela confiança na capacidade humana de escolher conscientemente o bem, rompe com a ideia de uma espiritualidade passiva e resignada. Não se trata de escapar do mundo, mas de habitá-lo com lucidez, como quem caminha entre sombras segurando uma tocha. O fogo sagrado, longe de ser simples símbolo, torna-se missão viva: manter acesa a chama da retidão diante dos ventos contrários do caos.

Esse sistema de pensamento não apenas responde às inquietações existenciais de seu tempo, mas antecipa questões que ainda hoje nos atravessam — a responsabilidade moral, o livre-arbítrio, a natureza do mal e a possibilidade de redenção. A força da doutrina zoroastriana está, justamente, em sua profundidade ética e no apelo à consciência desperta, um convite atemporal para que cada ser humano reconheça o poder que detém sobre os rumos da própria alma. Ao reconhecer que cada ato ressoa no tecido do real, ela oferece ao crente uma bússola interna, firme e luminosa, mesmo nos momentos mais sombrios.

Dessa forma, o Zoroastrismo permanece como um legado vivo, não porque sobreviveu intacto ao tempo, mas porque deixou marcas profundas na imaginação espiritual da humanidade. Seu profeta, sua ética e sua visão do destino são, até hoje, espelhos em que se pode vislumbrar o que há de mais elevado no anseio humano por sentido. E enquanto houver quem, diante das trevas, escolha a chama, a voz de Zaratustra seguirá ecoando, como um chamado à coragem de viver com retidão.

Capítulo 2
A Vida de Zaratustra

Em uma terra banhada por horizontes áridos e silêncios vastos, nasceu um homem que alteraria o curso da espiritualidade humana. Zaratustra, também conhecido como Zoroastro, não emergiu do seio do poder político, nem das castas sacerdotais que dominavam os cultos da época. Ele surgiu como um estranho entre os seus, portador de um olhar que enxergava além da fumaça dos sacrifícios e do clamor dos deuses guerreiros. A sua presença no mundo marcou a irrupção de uma nova consciência, e sua trajetória seria delineada não pela ambição, mas por uma revelação.

Zaratustra viveu, segundo os estudiosos, entre 1500 a.C. e 600 a.C., embora as datas precisas permaneçam envoltas em névoas temporais. Seu nascimento se deu provavelmente na região da Báctria ou da Média, onde práticas politeístas dominavam os rituais religiosos. O mundo em que ele respirou pela primeira vez era marcado por oferendas sangrentas, múltiplas divindades e uma aristocracia sacerdotal que mantinha o poder espiritual sob controle hermético. Não havia espaço para questionamentos. Os deuses exigiam sangue, os homens obedeciam, e o ciclo se repetia sob a promessa de proteção divina e colheitas abundantes.

Zaratustra, contudo, era um homem de interioridade intensa. Desde jovem, recusou-se a aceitar os dogmas vigentes sem enfrentá-los com a mente. Ele via, no derramamento de sangue animal, uma dissonância com aquilo que sentia ser o sagrado. A espiritualidade, para ele, deveria emanar da sabedoria, da compaixão, da ordem moral — não do medo, não da barganha, não do sacrifício cego. Esse incômodo interior crescia como brasa sob a pele, até se tornar voz. E essa voz, um dia, falou-lhe de forma definitiva.

A tradição conta que, aos trinta anos, Zaratustra retirou-se para as margens de um rio sagrado, envolto por montanhas e silêncio. Ali, em recolhimento e contemplação, recebeu a visão que mudaria tudo: Ahura Mazda revelou-se a ele. Mas essa revelação não se deu em trovões ou miragens flamejantes. Ela veio como compreensão absoluta, como luz que dilui todas as sombras. Ahura Mazda, o Senhor da Sabedoria, apresentou-se como a única divindade verdadeira, fonte de todo bem, de toda criação justa. Ao lado dele, estavam os Amesha Spentas, manifestações de sua própria essência, companheiros de missão cósmica. E frente a eles, a negação: Angra Mainyu, o destruidor.

Zaratustra compreendeu, naquele instante, que o universo era o palco de um drama moral. O bem e o mal não eram forças complementares, mas opostas em essência. O ser humano, com sua mente e liberdade, era chamado a participar desse conflito. Não pela espada, mas pela escolha consciente. Com essa missão gravada na alma, ele retornou ao mundo dos homens.

Mas o retorno não foi triunfante. Seus ensinamentos foram recebidos com desconfiança, zombaria e hostilidade. A antiga casta sacerdotal viu em suas palavras uma ameaça à ordem estabelecida. O monoteísmo ético que ele pregava abalava os alicerces da autoridade espiritual vigente. Ele falava de um único Deus que não aceitava sacrifícios de sangue, mas clamava por pureza interior. Proclamava que cada pessoa era responsável por sua alma e por seu papel na criação. Essa doutrina era insuportável para um sistema baseado em hierarquias e submissões.

Zaratustra foi forçado ao exílio. Vagueou por anos entre tribos e vilarejos, semeando palavras onde encontrasse ouvidos minimamente abertos. Em sua travessia, teve visões contínuas que o fortaleceram, experiências com seres espirituais que ampliaram sua compreensão do cosmos. Entre eles, o mais marcante foi Vohu Manah, o "Bom Pensamento", que o conduziu até a presença de Ahura Mazda na primeira revelação. Esse espírito tornou-se seu guia constante, indicando-lhe que a verdade deve ser buscada com mente clara e coração sem ódio.

A sorte de Zaratustra mudou quando chegou à corte do rei Vishtaspa, um soberano de mente mais aberta e espírito inquieto. Após ouvir os ensinamentos do profeta, Vishtaspa se converteu à nova fé e tornou-se seu protetor. Esse momento marcou o início da propagação real do Zoroastrismo. Com o apoio de uma autoridade política, os ensinamentos puderam se expandir, os hinos foram recitados com liberdade e os princípios da nova religião começaram a moldar uma civilização.

Mesmo com esse apoio, Zaratustra nunca se deixou seduzir pelo poder. Ele não fundou templos luxuosos nem criou uma casta privilegiada. Sua vida permaneceu simples, voltada ao ensino, à escuta dos necessitados e ao cultivo da palavra sagrada. Ele escreveu — ou inspirou a escrita — dos Gathas, as composições líricas que condensam sua teologia. Nesses versos, fala-se do julgamento das almas, da ponte que leva ao além, da renovação final do mundo. Mas também se fala da escolha diária, do esforço constante, da vitória lenta e profunda da verdade sobre a mentira.

Zaratustra morreu como viveu: envolto em mistério. Algumas tradições dizem que foi assassinado por fanáticos, outras que desapareceu silenciosamente no deserto. O fato é que seu legado atravessou as eras. Sua doutrina seria base para impérios, inspiração para místicos, referência para filósofos. Mas sua grandeza não reside em conquistas temporais. Está na lucidez que imprimiu sobre o papel da consciência. Ele foi o primeiro a declarar que o ser humano é livre, e que essa liberdade é sagrada, pois é a arma com que se enfrenta o mal.

Não há como compreender o panteão espiritual do Zoroastrismo sem atravessar a vida de seu fundador. Pois Zaratustra não apenas pregou a existência de Ahura Mazda — ele viveu essa fé com uma inteireza rara. Sua jornada espiritual foi feita de perda, deserto, perseguição, êxtase e fidelidade absoluta ao que viu.

Não teve medo de romper com séculos de tradição. Não recuou diante da solidão. Em sua voz, o mundo escutou pela primeira vez que o bem não é um dogma, mas uma escolha. E que essa escolha é a luz que rompe qualquer escuridão.

A vida de Zaratustra é um testemunho vivo de que a verdade não se impõe pela força, mas pela coerência entre palavra e ação. Ele não foi apenas um mensageiro de doutrinas, mas a própria encarnação do que pregava. Sua trajetória, feita de exílio e revelação, mostra que a espiritualidade genuína muitas vezes caminha à margem do poder e da conveniência. Ao recusar os rituais vazios e os sistemas hierárquicos que aprisionavam o sagrado em fórmulas fixas, Zaratustra libertou a fé da superstição e a reconduziu ao campo da consciência — onde cada ser humano é chamado a ser sacerdote de si mesmo.

Sua mensagem continua a ecoar porque toca um ponto essencial da existência: a liberdade de escolher o bem mesmo quando tudo ao redor parece inclinar-se ao contrário. Zaratustra não prometia proteção automática, nem benesses divinas em troca de ritos. Ele oferecia responsabilidade. Cada pessoa, ao despertar para a presença de Ahura Mazda, assumia consigo o dever de sustentar a ordem contra o avanço do caos, não com violência, mas com retidão. Esse senso de missão pessoal, fundamentado em uma ética do discernimento, moldou um tipo de religiosidade que não precisa de templos opulentos, mas de corações atentos e mentes vigilantes.

Assim, o percurso de Zaratustra permanece atual não por pertencer ao passado, mas por iluminar o presente com sua chama serena. Em um mundo cada vez mais saturado de dogmas ruidosos e verdades instantâneas, sua vida nos lembra que a verdadeira revelação exige silêncio, coragem e fidelidade ao que se compreende como justo. Ele não nos legou apenas uma religião, mas uma maneira de estar no mundo com dignidade e clareza — como quem, mesmo entre trevas, caminha certo de que a luz não é apenas um destino, mas um caminho escolhido a cada passo.

Capítulo 3
A Revelação de Mazda

A noite era espessa como a dúvida que assola a alma antes da aurora do entendimento. Na margem de um rio sagrado, cercado pela solitude de montanhas sem nome, Zaratustra experimentou o que jamais poderia ser contido por palavras humanas. Ali, onde os sons do mundo se calavam, e apenas a pulsação do invisível ecoava nos ossos, deu-se a revelação: não por meio de trovões ou aparições de fogo, mas como uma clareza que dissolve todos os véus. A presença de Ahura Mazda não se impôs — revelou-se.

Não houve imposição. Não houve medo. Houve reconhecimento. Zaratustra não viu um deus moldado à imagem das paixões humanas, sedento por oferendas ou vingança. Ele não escutou promessas de poder nem exigências de domínio. O que lhe foi revelado era algo muito mais profundo: Ahura Mazda, a inteligência cósmica, não era um ser que buscava ser adorado. Ele era a própria ordem que sustenta o real, a sabedoria que permeia tudo o que é puro, a luz que ilumina não os olhos, mas a mente. Aquele momento não foi apenas o início de uma religião — foi a instauração de uma nova compreensão da existência.

Ahura Mazda falou. Mas suas palavras não foram sons que vibram no ar; foram verdades que vibram na consciência. A primeira delas foi a mais devastadora: o homem é livre. Não há destino fixo. Não há forças cósmicas que aprisionem a alma em ciclos de erro. Há escolha. E essa escolha é sagrada. O ser humano, com sua mente racional e seu coração sensível, é o único responsável pelo próprio caminho. Nada é imposto. A verdade deve ser aceita por convicção, não por coerção. O livre-arbítrio é, no Zoroastrismo, o maior dom e a mais severa responsabilidade.

Zaratustra compreendeu, então, que o mundo é sustentado por um princípio moral. A realidade não é neutra. A criação de Ahura Mazda é pura, harmônica, luminosa. Mas essa criação está sob ataque constante. Angra Mainyu, o espírito destrutivo, não é uma criatura de Mazda, mas uma presença que escolheu o caminho contrário: o da mentira, da corrupção, do caos. Ele não possui substância própria; vive de corromper o que foi criado. É a podridão que precisa da fruta para existir. Essa revelação não foi simbólica, foi literal. Zaratustra viu com os olhos da alma que o universo está em guerra — e que os humanos não são meros espectadores, mas guerreiros.

A revelação continuou. Ahura Mazda não atua sozinho. Ele se manifesta através de sete aspectos divinos, chamados de Amesha Spentas — "Imortais Benéficos". Eles não são seres separados, mas formas pelas quais a sabedoria suprema age no mundo. Cada um deles encarna uma qualidade sagrada, uma virtude ativa que se expressa tanto na criação como no interior humano. A "Boa Mente" conduz ao discernimento e à compaixão. A "Retidão Suprema" mantém a ordem no cosmos. A "Devoção Amorosa" enraíza a fé na terra. E assim por diante. A revelação de Mazda não era uma hierarquia divina — era uma arquitetura da luz.

Cada um desses aspectos corresponde a elementos da existência: o céu, a água, o fogo, os metais, os animais, a terra, a própria humanidade. Tudo que existe tem um propósito e carrega em si uma centelha da sabedoria criadora. O mundo material não é ilusório ou maldito — ele é sagrado. A criação é boa. O problema não está no corpo, na terra, ou no desejo. Está na escolha errada, no pensamento torcido, na ação que rompe a ordem. Com isso, Zaratustra rompeu com séculos de pensamento espiritual que desprezavam o mundo físico. Ele não pediu fuga do mundo. Pediu transformação.

Essa revelação deu origem ao mandamento trino que se tornaria o coração do Zoroastrismo: Humata (bons pensamentos), Hukhta (boas palavras), Hvarshta (boas ações). Não são apenas preceitos éticos. São chaves espirituais. Pensar bem é alinhar-se com Vohu Manah. Falar bem é manifestar Asha Vahishta. Agir bem é participar do esforço cósmico de Mazda. Esses atos não são apenas sociais ou morais — eles têm repercussão metafísica. Cada boa escolha é uma vitória sobre Angra Mainyu. Cada gesto justo é um raio de luz que enfraquece a escuridão.

A verdade, para Zaratustra, não é propriedade de uma elite espiritual. Ela é acessível a todos que purificam seu interior. Ahura Mazda não fala apenas aos sacerdotes — fala a todos que têm mente limpa e coração sincero. Por isso, a revelação não vem por meio de rituais secretos ou linguagens ocultas. Ela se manifesta na luz, na razão, na justiça. A religião revelada por Mazda é uma religião da clareza, não do mistério. É por isso que o fogo — símbolo da verdade visível — torna-se o centro dos rituais zoroastrianos.

Durante a revelação, Zaratustra não foi apenas instruído. Ele foi transformado. Sua mente se abriu como se camadas de poeira fossem removidas. Sua visão espiritual passou a enxergar com nitidez o que antes era embaçado. Ele entendeu que sua missão não era fundar uma nova casta ou um novo império religioso. Era ser a voz da escolha. Ele deveria anunciar ao mundo que o caminho da luz está disponível, mas é estreito e exige esforço. Que não há salvação automática, nem redenção herdada. Que cada alma é medida por sua própria retidão.

Essa revelação não terminou com palavras. Ela tornou-se ação. Zaratustra passou a viver aquilo que viu. Não ensinava o que não praticava. Não proclamava o que não fosse evidente em seu modo de andar, de ouvir, de decidir. Por onde passava, sua presença era um chamado silencioso à integridade. Muitos o odiaram, pois a verdade perturba. Muitos o temeram, pois a liberdade assusta. Mas alguns o escutaram — e com isso, a luz se espalhou.

A mensagem revelada por Mazda não exigia templos dourados. Ela exigia mente lúcida e vida reta. Os rituais deveriam ser simples, mas profundos. As palavras deviam ser pesadas com a balança da consciência. As ações, medidas pela justiça universal. Essa revelação exigia disciplina, mas oferecia algo único: sentido. Não havia mais caos, nem acaso. Tudo fazia parte de um plano, e cada ser era uma peça viva da harmonia cósmica.

Zaratustra nunca reivindicou para si a divindade. Nunca aceitou ser adorado. Sua grandeza residia exatamente nisso: ele sabia que era apenas o portador da mensagem, não sua origem. Tudo vinha de Ahura Mazda. A revelação era viva, e cada pessoa poderia acessá-la, desde que cultivasse a verdade interior. Essa foi a maior revolução espiritual de sua jornada: devolver ao ser humano o direito de dialogar com o divino sem intermediários de ambição.

Na revelação de Mazda, Zaratustra encontrou o mapa do cosmos, mas também o espelho da alma. Descobriu que o universo pulsa em dualidade, mas que essa luta não é eterna. O bem vencerá. A criação será restaurada. O mal será vencido não pela força, mas pela persistência da luz. E cada homem e mulher é convocado a participar desse desfecho. Não há lugar para espectadores. A revelação não é um dogma a ser decorado, mas um chamado a ser vivido.

A revelação que Zaratustra recebeu não pretendia fundar um sistema fechado de crenças, mas abrir o mundo à possibilidade de um novo tipo de consciência — uma consciência desperta, responsável e comprometida com a construção do bem. O cosmos, longe de ser um palco de destino imutável ou de vontade divina arbitrária, foi apresentado como uma realidade moralmente acessível, moldável pela ação humana.

Nesse horizonte, o sagrado não está confinado a um além inalcançável, mas habita o cotidiano, a escolha silenciosa, o gesto sincero, o pensamento limpo. A doutrina revelada por Mazda não nos obriga a temer — nos convida a compreender.

Ao reconhecer o livre-arbítrio como centro da existência, a revelação dissolveu o fatalismo e instaurou um novo pacto entre o humano e o divino. Não se trata de salvação coletiva ou predestinada, mas de redenção íntima, alcançada passo a passo, pensamento a pensamento. Cada alma carrega em si não apenas o peso de suas decisões, mas também a nobreza de seu potencial. Isso dá ao Zoroastrismo uma dimensão profundamente esperançosa, onde o bem não é um privilégio de alguns iluminados, mas uma possibilidade universal. A luta entre luz e trevas deixa de ser um embate mítico distante e se revela como uma tensão interna, presente na respiração de cada dia.

Por isso, a revelação de Mazda permanece perene: porque fala não de um passado fixado em pedra, mas de uma jornada contínua. A palavra sagrada não está enclausurada em escrituras, mas viva nas decisões de quem escolhe Asha. O mundo ainda pulsa com o convite feito a Zaratustra: reconhecer a luz, agir com retidão e recusar-se a pactuar com o caos. Essa não é apenas a essência de uma fé — é a afirmação de que cada vida importa, cada escolha repercute e cada alma pode se tornar, por vontade própria, uma extensão da luz que ordena o universo.

Capítulo 4
Ahura Mazda

A vastidão do céu, quando ainda não é ferida pela presença do homem, revela a arquitetura silenciosa da criação. O brilho das estrelas, o ritmo dos ventos, a precisão com que os ciclos naturais se repetem — tudo aponta para uma inteligência que não apenas originou o cosmos, mas o sustenta com propósito e clareza. Essa inteligência, segundo Zaratustra, tem um nome: Ahura Mazda. Ele não é uma entidade forjada à imagem dos homens. Ele não tem rosto, não habita templos, não exige sacrifícios. Ahura Mazda é a própria sabedoria que permeia o real.

Ahura significa "Senhor", e Mazda, "Sabedoria" — mas essas traduções não capturam a totalidade do que Ele representa. Mais do que um ser superior, Ahura Mazda é a manifestação consciente da luz, da ordem e da verdade. Sua essência é tão vasta quanto o próprio universo, e sua presença se revela não por imposição, mas por reconhecimento. Onde há harmonia, há vestígios Dele. Onde há justiça, sua mão é visível. Onde há clareza de pensamento e bondade em ação, sua voz ainda sussurra.

Ele não possui forma física, e justamente por isso, não pode ser representado. Qualquer imagem que tente captá-lo seria uma traição à sua essência. Ahura Mazda transcende a matéria, não por rejeitá-la, mas por ser sua origem e finalidade. Tudo o que é bom, verdadeiro e puro emana Dele como reflexo de uma luz que não se extingue. Diferente de outras divindades antigas, Ele não tem genealogia, não nasceu de outro ser, não surgiu de um caos primordial. Ele é eterno, sem princípio nem fim. E ainda assim, está presente em cada folha, em cada sopro, em cada impulso de justiça.

Ao criar o mundo, Ahura Mazda não o fez por necessidade ou diversão. Criou-o por amor à ordem. Cada elemento da criação foi moldado com intenção: o céu para proteger, a água para purificar, o fogo para iluminar, a terra para sustentar. Nada foi feito ao acaso. Cada parte do universo carrega uma função espiritual. O mundo, para Ele, é templo e obra. Não exige adoração servil, mas sim cooperação consciente. Ele não deseja súditos, mas aliados.

Para manter essa criação, Ahura Mazda emana sete inteligências divinas — os Amesha Spentas — que atuam como extensões de sua vontade. Eles não são independentes, não possuem ego, não rivalizam entre si. Cada um representa um aspecto do próprio Mazda. Vohu Manah, a Boa Mente, guia os humanos ao discernimento. Asha Vahishta, a Verdade Suprema, sustenta a ordem. Spenta Armaiti, a Devoção Amorosa, enraíza a fé na terra. Khshathra Vairya, o Domínio Ideal, regula o poder com justiça. Haurvatat e Ameretat, a Plenitude e a Imortalidade, preservam a integridade da criação. São esses aspectos que revelam, em fragmentos, quem é Ahura Mazda.

Mas Ele vai além de seus atributos. Ele é consciência total. Sabe de tudo o que foi, é e será. Não por espiar ou controlar, mas porque toda existência vibra em sua sabedoria. Seu saber não é estático, é vivo. Ele compreende os caminhos humanos, conhece os dilemas, entende as fraquezas. Mas jamais força uma escolha. Sua grandeza está justamente na liberdade que concede. Cada alma é livre para segui-lo ou não. E essa liberdade é o fio que tece a moral zoroastriana: seguir Ahura Mazda é uma escolha ética, não uma imposição mística.

Não há, em sua natureza, sombra ou ambivalência. Ele é puro. É a ausência completa de maldade, pois o mal não provém Dele. Angra Mainyu, seu oposto, não é seu irmão, nem sua criação. Ele surgiu por sua própria decisão de negar a verdade. Ahura Mazda não o criou, mas o enfrentou. E sua luta não é feita com exércitos, mas com luz. Cada vez que uma criatura escolhe a verdade, enfraquece Angra Mainyu. Cada boa ação é uma centelha de Mazda acesa no mundo.

Ahura Mazda se revela na mente e no espírito. Ele não se impõe como um trovão, mas ilumina como um amanhecer. Por isso, o Zoroastrismo sempre privilegiou o pensamento: a fé verdadeira nasce da razão desperta, não da obediência cega. O homem que pensa com retidão, fala com sinceridade e age com justiça já vive em comunhão com Ahura Mazda, mesmo sem conhecê-lo por nome. Ele está presente onde o bem floresce, onde o mal é combatido com firmeza e onde a dignidade do ser é preservada.

Seus fiéis não devem curvar-se com temor, mas caminhar eretos com responsabilidade. Ahura Mazda não deseja adoração vazia, mas ações justas. Sua religião é prática, cotidiana, comprometida. A espiritualidade que Ele inspira não se esconde em cavernas, mas se expressa na vida comum: na honestidade do trabalho, na proteção dos mais frágeis, no cuidado com os elementos da natureza. O mundo é o altar onde seu nome é honrado, e cada gesto reto é uma prece.

A ausência de imagem não torna Ahura Mazda abstrato — torna-o íntimo. Ele não está fora, está dentro. Em cada escolha ética, em cada renúncia ao egoísmo, Ele brilha. Seu templo é o coração do justo, e seu culto verdadeiro é a retidão. Não há necessidade de intermediários, pois Ele se comunica diretamente com aqueles que se purificam pelo esforço. A oração, para ser ouvida, não precisa ser longa ou cerimonial. Basta ser sincera. A luz de Ahura Mazda penetra o silêncio e responde à alma com paz.

Ahura Mazda é o Deus que convida, não obriga. Orienta, mas não manipula. Observa, mas não pune com arbitrariedade. Sua justiça é medida com a balança do próprio ser. No fim dos tempos, quando Angra Mainyu for vencido e o mundo renovado, cada alma será julgada não por dogmas ou rituais, mas por sua fidelidade à verdade. O fogo da consciência, que sempre ardeu no interior, será a luz desse juízo. E aqueles que escolheram Mazda verão que, mesmo nas noites mais escuras, Ele sempre esteve ao seu lado — não como uma figura sobre-humana, mas como a voz sutil que chama à retidão.

Na vastidão de seu silêncio, Ahura Mazda continua a ser a fonte inesgotável da ordem que estrutura o mundo e da clareza que ilumina a mente humana. Ele não exige idolatria nem se apresenta como um enigma impenetrável; seu mistério está justamente na transparência de sua presença, na nitidez de sua ética. Sua divindade não se impõe como um fardo, mas como uma direção, uma bússola moral que aponta sempre para o norte da verdade. No centro da experiência religiosa zoroastriana, portanto, não está o medo, mas a dignidade: o ser humano é tratado como alguém capaz, consciente, digno de participar do projeto divino de manutenção da harmonia cósmica.

Ahura Mazda não propõe uma fé enclausurada no sobrenatural, mas uma espiritualidade integrada à realidade. Sua voz ecoa nas estruturas do mundo, mas também nos silêncios interiores que antecedem a escolha certa. Ao tornar-se a referência suprema de sabedoria, Ele desloca o eixo da religião da superstição para a consciência, da submissão para a lucidez. Não é o poder bruto que define seu governo, mas a coerência com o bem. Essa característica faz de sua figura uma das mais revolucionárias do pensamento religioso antigo: Ele não precisa ser temido para ser seguido; basta ser compreendido para ser amado.

Seguir Ahura Mazda é, portanto, mais que um ato de fé — é um compromisso com a justiça, com a clareza, com a integridade. Não se trata de agradar a um ser superior, mas de responder ao chamado da própria consciência desperta. Nesse convite sereno, Mazda oferece ao ser humano um papel nobre: o de cocriador da ordem no mundo. E é nesse papel que se encontra o verdadeiro culto, não em rituais opulentos, mas na simplicidade da escolha correta, repetida todos os dias, como quem acende uma chama — não para ser visto, mas para manter viva a luz no interior da noite.

Capítulo 5
Nomes e Títulos de Mazda

Ahura Mazda não se esconde sob máscaras nem necessita de véus para preservar seu mistério. Ele é, por essência, revelação constante. No entanto, sua presença é tão vasta, tão absoluta, que uma única palavra não seria capaz de contê-lo. Por isso, ao longo dos séculos, aqueles que se curvaram diante da sabedoria universal manifestada nesse Ser supremo deram-lhe muitos nomes, títulos e epítetos. Cada um deles é uma tentativa humana de tocar o inefável, de descrever, ainda que em fragmentos, a magnitude da fonte de toda luz, ordem e verdade.

Esses nomes e títulos não são adornos poéticos. Eles são ferramentas espirituais, chaves que abrem dimensões do sagrado e guiam a mente humana em direção à clareza. A cada nome invocado, não se chama uma divindade distinta, mas se ilumina um aspecto da presença total de Ahura Mazda. Assim como a luz branca se desdobra em infinitas cores quando atravessa o cristal, a natureza una de Mazda se manifesta em múltiplas formas de sabedoria.

"Senhor da Verdade" é talvez o mais antigo e fundamental entre seus títulos. A verdade, no Zoroastrismo, não é apenas correção lógica ou fidelidade aos fatos. A verdade é o próprio tecido do real, a estrutura invisível que mantém o cosmos em equilíbrio. Ao nomeá-lo "Senhor da Verdade", os fiéis reconhecem que Ahura Mazda não apenas ensina o que é verdadeiro — Ele é a Verdade. Sua essência vibra em cada átomo bem ordenado, em cada ciclo que cumpre seu curso com justiça. Diante Dele, a mentira não se sustenta. A falsidade se desfaz como sombra diante do sol.

"Criador da Luz" é outro título que ressoa com força nos corações zoroastrianos. A luz, nesse contexto, não é apenas fenômeno físico, mas realidade espiritual. Ela simboliza o conhecimento, a clareza, a presença do bem. Invocar Mazda como criador da luz é reconhecer que toda sabedoria que dissipa o medo, todo discernimento que guia a consciência, toda justiça que se faz em nome da compaixão, emana Dele. A luz que o homem busca fora, brilha primeiro dentro, quando se alinha com a ordem cósmica.

"Sabedoria Suprema" talvez seja o nome que mais sintetiza o coração da doutrina mazdeísta. A palavra "Mazda" já significa sabedoria, mas ao enfatizá-la como suprema, os antigos textos deixam claro que não se trata de uma inteligência prática ou técnica. É uma sabedoria que ultrapassa os limites da lógica e da experiência sensorial. É a consciência que conhece o fim desde o princípio, que guia sem forçar, que ama sem subjugar. Essa sabedoria é criadora porque é justa, e é justa porque conhece todas as causas e efeitos antes que se manifestem. É ela que sustenta a ética do Zoroastrismo: agir com sabedoria é agir com Mazda.

Há ainda títulos como "Pai dos Amesha Spentas", que revela seu papel como origem dos sete espíritos divinos que governam a criação. Cada um desses seres representa uma qualidade divina: a mente clara, a verdade, a devoção, o domínio justo, a plenitude, a imortalidade, e a própria existência. Ao chamá-lo de Pai, não se fala de paternidade no sentido humano, mas de fonte original — tudo que é bom, útil, ordenado, e virtuoso nasce Dele. Ele é a raiz que nutre os ramos do cosmos.

Outro nome que carrega profunda carga espiritual é "Aquele que Ouve os Pensamentos". No Zoroastrismo, não há espaço para o engano ritual. O que conta é a intenção verdadeira, a qualidade do pensamento antes mesmo da palavra ser proferida. Ahura Mazda está atento à mente, não por vigilância punitiva, mas porque é nela que nasce a escolha moral. Ele conhece o peso dos silêncios, das dúvidas, dos desejos não expressos. O juízo, quando vier, não será baseado em aparências, mas na verdade oculta dos pensamentos.

Em alguns textos, Ele é chamado também de "Senhor da Ordem Cósmica". Isso remete ao conceito de Asha — a ordem que permeia tudo o que é justo, puro e verdadeiro. Asha não é um simples código moral ou natural; é a própria manifestação de Ahura Mazda no mundo. Nomeá-lo como Senhor da Ordem é confessar que o universo não é caótico, que há estrutura, simetria, direção. O caos que se observa não é obra Dele, mas resultado da ação de Angra Mainyu, o espírito da mentira e da confusão.

Há nomes que refletem sua relação com os seres humanos. "Guardião das Almas Justas" é um desses. Ele não abandona aqueles que escolhem a retidão. Está ao lado deles em cada batalha invisível, inspirando coragem, clareza e compaixão. Ao longo da vida, sua presença pode parecer discreta, mas no momento da travessia para o além, Ele se revela como juiz, guia e protetor. Sua justiça é serena, mas infalível. Ele não condena por erro, mas recompensa a sinceridade. Sua balança não pesa palavras, pesa integridade.

Cada um desses títulos é também uma invocação. Ao dizê-los em oração, o fiel se alinha com a vibração que eles evocam. Ao chamá-lo de Sabedoria Suprema, o orador busca clareza. Ao chamá-lo de Criador da Luz, pede discernimento. Ao nomeá-lo Senhor da Verdade, invoca coragem para permanecer íntegro. Assim, os nomes de Mazda não são apenas formas de reverência. São caminhos. São invocações que transformam o interior. São memórias vivas da aliança entre o homem e o divino.

A recitação desses nomes é parte dos rituais zoroastrianos. Nas orações diárias, ao nascer e ao pôr do sol, os fiéis os murmuram diante do fogo, símbolo visível da presença divina. O fogo não é adorado, mas reverenciado como a representação mais pura da luz espiritual. Ao pronunciar os títulos de Mazda diante da chama, o orador reconhece que aquilo que é invisível pode ser tocado pelo espírito, se a mente estiver clara e o coração, limpo.

Ahura Mazda não se reduz a nenhum desses nomes. Todos eles, juntos, ainda seriam insuficientes para conter sua grandeza. Mas ao espalhá-los pelo mundo como sementes de luz, Zaratustra e seus sucessores ofereceram ao homem meios de se aproximar do inabarcável. Os nomes, assim, não aprisionam. Eles libertam. Eles convidam. Eles lembram que, embora o absoluto não caiba em palavras, é possível vivê-lo em pensamento, palavra e ação.

A relação entre os fiéis e Ahura Mazda é moldada por esses títulos. Eles ensinam a vê-lo não como um tirano cósmico, mas como um mestre compassivo. Não como um juiz implacável, mas como um guia silencioso. Os nomes revelam que o divino não está distante. Está presente. Está em tudo o que é bom, tudo o que é justo, tudo o que é verdadeiro. Está na palavra que consola, no gesto que protege, na decisão que honra. Conhecer os nomes de Mazda é, em última instância, conhecer a si mesmo em seu estado mais puro.

Cada título concedido a Ahura Mazda revela não apenas atributos do divino, mas também expectativas profundas que a alma humana projeta sobre o sagrado. Ao nomeá-lo, o fiel não apenas reconhece sua grandeza, mas também busca espelhar em si mesmo as virtudes que esses nomes evocam. Há, portanto, um movimento de aproximação espiritual a cada invocação: não se trata de exaltar um ser inalcançável, mas de convidar sua presença para dentro da experiência humana. Ao chamar Mazda de "Aquele que Ouve os Pensamentos" ou "Senhor da Ordem Cósmica", o homem lembra a si mesmo que seus pensamentos importam, que suas ações moldam realidades, e que há um princípio supremo atento ao mais íntimo de sua jornada.

Esses nomes, longe de congelar o mistério, o dinamizam. Eles não são fórmulas mágicas, mas portais para o autoconhecimento e para a aliança com a verdade. Em cada um deles, há um convite à prática: agir como quem busca a sabedoria, pensar como quem deseja a justiça, viver como quem tem clareza. O Zoroastrismo, ao utilizar esses títulos nos rituais e orações, ensina que a linguagem tem poder — e que o modo como nos dirigimos ao divino molda o modo como nos dirigimos à vida. Não há contradição entre o sagrado e o cotidiano, porque cada gesto simples pode conter a reverência de um nome dito com verdade.

É nessa simplicidade que a grandeza de Ahura Mazda se manifesta de forma mais plena. Ele não exige fórmulas, mas intenção pura. E ao permitir que seus diversos nomes floresçam na boca dos que o buscam, Ele oferece caminhos distintos para o mesmo destino: a união entre a mente desperta e a ordem universal. Cada título é um espelho que reflete a luz de Mazda em ângulos diferentes, e quem os contempla com sinceridade descobre que, ao nomear o divino, está também nomeando aquilo que de mais elevado habita em si mesmo.

Capítulo 6
Angra Mainyu

A criação respira em harmonia, mas essa respiração é inquieta, pois nunca está livre de ameaça. No coração da realidade zoroastriana, há um abismo que nunca cessa de tentar engolir a luz. Esse abismo tem nome: Angra Mainyu. Ele não é uma metáfora, nem um símbolo filosófico de antagonismo. Ele é uma presença real, consciente e ativa. Sua essência é a destruição, e seu propósito é a negação de tudo que Ahura Mazda criou com ordem e sabedoria.

Angra Mainyu, o Espírito Maligno, é a antítese direta de Spenta Mainyu, o Espírito Benevolente que emana de Ahura Mazda. Se este gera, protege e ordena, aquele corrompe, destrói e inverte. Sua origem não é fácil de situar, pois ele não provém de Mazda. Ele é, de certo modo, uma escolha que se encarnou. Um sim que foi transformado em não. Uma inteligência que optou pelo desvio absoluto. Ele não é uma entidade criada, mas uma manifestação do que rejeita a criação. Sua existência não é complementar à bondade — é sua negação. Não equilibra o universo: tenta desintegrá-lo.

A característica fundamental de Angra Mainyu é a mentira. Onde há verdade, ele insinua dúvida. Onde há confiança, ele semeia traição. Onde há amor, ele alimenta o ego. Ele age em silêncio, pois sua força está na sutileza com que distorce o real. A mentira, em sua visão, não é apenas falsidade factual — é afastamento da essência. Quando um homem mente, ele não apenas engana o outro. Ele fere a ordem do mundo. Torna-se aliado do espírito que quer dissolver tudo o que é claro, coeso e puro.

A ação de Angra Mainyu no mundo não é direta, mas por influência. Ele não tem poder para criar nada. Por isso, precisa corromper o que existe. A doença, a discórdia, a inveja, o egoísmo — são todas expressões de sua infiltração na realidade. Ele não destrói com força bruta, mas com degradação lenta. Apodrece os fundamentos, contamina os corações, desfigura as intenções. Sua vitória se dá quando a consciência humana desiste de escolher o bem, quando cede ao cansaço moral e se rende à apatia espiritual.

No Zoroastrismo, Angra Mainyu é uma força que atua tanto no plano espiritual quanto na existência material. Ele está por trás da seca que mata plantações, da mentira que destrói famílias, da guerra que aniquila cidades. Não porque seja o criador desses eventos, mas porque se alimenta deles. Ele manipula as circunstâncias para conduzir os homens à desesperança. Sua vitória momentânea acontece cada vez que alguém renuncia ao discernimento e escolhe o caminho fácil — aquele onde o bem é adiado, a justiça é ignorada e a verdade é relativizada.

Mas Angra Mainyu não age sozinho. Para multiplicar sua influência, ele gerou contrapartes malignas dos Amesha Spentas. Esses espíritos de destruição, chamados de daevas, representam as distorções das virtudes divinas. Onde Vohu Manah inspira bons pensamentos, um daeva sussurra orgulho e vaidade. Onde Asha Vahishta sustenta a ordem, um espírito corrompido promove o caos. São como sombras que seguem a luz, tentando ofuscá-la, imitar sua forma e confundir quem não tem olhos despertos. Esses seres malignos não possuem autonomia — são instrumentos da vontade de Angra Mainyu, que os usa como braços para ampliar sua influência.

A luta entre Ahura Mazda e Angra Mainyu não é simétrica. Mazda não é um guerreiro que combate um inimigo de igual poder. Ele é a origem, o fundamento, a luz eterna. Angra Mainyu é uma rachadura, uma aberração, uma ruptura passageira. No entanto, sua existência é perigosa porque atua sobre o livre-arbítrio humano. A criação é boa, mas a liberdade permite que se desvie dela. E esse desvio é o campo de ação do mal. Por isso, o combate ao Espírito Maligno não é feito apenas nas esferas celestes, mas na intimidade de cada alma.

Zaratustra compreendeu essa verdade com lucidez absoluta. A revelação de Ahura Mazda incluiu não apenas a existência do mal, mas o chamado para enfrentá-lo. O profeta deixou claro que o ser humano é parte ativa na batalha cósmica. Cada escolha tem peso. Pensar bem, falar com retidão, agir com justiça — tudo isso enfraquece Angra Mainyu. Cada boa ação é um golpe contra o caos. Cada palavra honesta é uma chama acesa em meio à sombra. A espiritualidade zoroastriana é, acima de tudo, uma convocação à vigilância moral.

Essa visão do mal tem implicações profundas. O mal não é essencial à realidade — ele é uma distorção temporária. Ele pode ser combatido e será, ao final dos tempos, completamente derrotado. O Zoroastrismo não aceita a eternidade do mal. Ele será vencido por meio do esforço combinado das forças do bem e da retidão humana. Quando isso ocorrer, o mundo será renovado, purificado, elevado a um estado de perfeição onde Angra Mainyu não poderá mais penetrar.

Esse momento de vitória final é chamado de Frashokereti. Nele, os mortos ressuscitarão, a verdade será restaurada, e cada alma atravessará a ponte Chinvat, onde seus atos serão pesados. Angra Mainyu, então, será expulso para sempre da criação. Sua ilusão será desfeita, sua mentira dissolvida. E o mundo será, enfim, como Ahura Mazda o sonhou: puro, luminoso, justo. Mas até lá, a batalha continua — não com espadas ou exércitos, mas com a integridade de cada coração.

Angra Mainyu é o adversário oculto, a sombra que acompanha cada possibilidade. Mas ele não é invencível. Sua fraqueza está no fato de que não pode criar. Ele depende do erro humano, da distração, do abandono da ética. Quando os homens despertam, ele recua. Quando a consciência se alinha com Asha, ele é exposto. Sua força está na confusão — por isso, a clareza é sua maior inimiga.

Por trás da aparência de um inimigo temível e imutável, Angra Mainyu revela, no fundo, uma fragilidade inerente: sua impossibilidade de gerar algo próprio, sua natureza parasitária. Ele precisa da criação para existir, ainda que apenas para subvertê-la. É nessa dependência que reside a chave de sua derrota. Ao contrário de Ahura Mazda, cuja luz brota de si mesmo, o Espírito Maligno não tem fonte própria — apenas reflete, de maneira distorcida, o que já foi emanado pela bondade. Como uma sombra que não existe sem a luz, ele subsiste apenas enquanto houver algo a ser corrompido. Mas quando o bem se torna firme, consciente e determinado, sua influência murcha, incapaz de resistir à presença da verdadeira ordem.

A clareza interior, portanto, torna-se a ferramenta mais eficaz na luta contra essa força dissimulada. Reconhecer o mal não como um poder autônomo, mas como um desvio do bem, confere ao ser humano um poder imenso: o de restaurar o mundo a partir de si mesmo. Cada gesto ético, por menor que pareça, é um realinhamento com Asha, um sinal de que a criação ainda respira pela vontade do bem. E é na repetição desses gestos — diários, discretos, muitas vezes invisíveis — que Angra Mainyu é enfraquecido. Ele não pode resistir ao compromisso íntimo com a verdade, nem ao silêncio de uma consciência que se recusa a negociar com a escuridão.

Essa é a responsabilidade e a grandeza do espírito humano: não apenas resistir, mas escolher ativamente. Pois o mal não reina onde há decisão firme, onde há luz acesa, onde a alma mantém os olhos voltados para o que é puro. A cada escolha pela justiça, pela compaixão, pela verdade, a sombra perde espaço. E assim, mesmo que a batalha ainda persista, o fim já se anuncia: não como um espetáculo final de destruição, mas como o lento e firme retorno da criação ao seu destino de plenitude.

Capítulo 7
O Conflito Cósmico

O universo zoroastriano é uma tapeçaria viva, tecida por mãos invisíveis que operam em planos distintos. A existência, nessa perspectiva, não é um fluxo neutro de eventos. É um campo de tensão perpétua. E nesse campo, dois princípios se enfrentam com intensidade silenciosa e devastadora: a ordem e o caos, a luz e a escuridão, Ahura Mazda e Angra Mainyu. O mundo não é cenário dessa disputa — ele é parte dela. E cada ser vivo, em especial o ser humano, é peça fundamental no desenlace do grande conflito cósmico.

Desde os primórdios da revelação recebida por Zaratustra, ficou claro que a criação não está à deriva. Ahura Mazda criou o mundo com propósito: estabelecer a ordem, a justiça, a harmonia. Seu Espírito Benevolente, Spenta Mainyu, infundiu a realidade com bondade, sabedoria e discernimento. O cosmos foi projetado como expressão da verdade, com leis precisas que refletem sua origem divina. Nada foi feito em vão. Cada elemento — o fogo, a água, a terra, o pensamento, a fala — carrega em si o selo da intenção criadora.

Mas onde há ordem, há ameaça de dissolução. Angra Mainyu, o Espírito Destrutivo, rejeitou essa ordem. Ele não é um oponente externo, vindo de fora do sistema — ele é o rompimento interno, a recusa consciente, a negação do bem. Sua existência é uma reação. Ele viu o mundo perfeito de Mazda e o odiou. Não por inveja, mas por incapacidade de suportar a integridade. E sua decisão foi clara: corromper, ferir, apagar tudo o que fosse reflexo de Asha — a Verdade Cósmica.

A partir desse momento, o conflito se instalou. Não como uma batalha de forças equivalentes, mas como uma resistência desesperada da escuridão diante do avanço da luz. Angra Mainyu não possui poder de criação. Por isso, sua estratégia é subverter o que já existe. Se há amor, ele insufla o orgulho. Se há retidão, ele sussurra dúvida. Se há clareza, ele espalha confusão. Ele não age como um guerreiro, mas como um veneno: insidioso, imperceptível no início, devastador em seu avanço.

O palco desse conflito é triplo. Ele ocorre no plano espiritual, onde os Amesha Spentas enfrentam as hostes dos daevas — os espíritos malignos que servem Angra Mainyu. Acontece no plano cósmico, onde a natureza luta para se manter pura diante da corrupção. E, sobretudo, ocorre no plano humano. Pois é no interior da alma que a guerra se intensifica. Cada pensamento é uma centelha que pode alimentar a luz ou a sombra. Cada decisão é uma pequena batalha com repercussões que transcendem a vida individual.

O ser humano, nesse contexto, é mais do que espectador. Ele é soldado e campo de batalha. A consciência humana é onde Ahura Mazda e Angra Mainyu se confrontam com mais fúria. A mente que pensa com bondade se torna templo da luz. A palavra que constrói se torna espada do bem. A ação que respeita a vida e promove a justiça é como uma muralha contra o avanço das trevas. Mas o inverso também é verdadeiro. Quando o ser humano mente, trai, oprime, ele não apenas falha moralmente — ele colabora com o inimigo da criação.

Esse conflito não é apenas uma metáfora espiritual. Ele se expressa na história, nos ciclos de decadência e renovação, nas quedas dos impérios e nas revoluções silenciosas. Cada época tem seu peso de luz e sombra. Cada cultura, sua luta particular entre Asha e Druj. E o destino do mundo não está predeterminado. Ele depende do acúmulo dessas escolhas. Quanto mais almas se voltam para o bem, mais forte se torna o domínio da verdade. Quando muitas se rendem ao mal, a realidade se aproxima da fragmentação.

Por isso, o Zoroastrismo não ensina resignação. Ensina ação. Não basta meditar sobre o bem — é preciso praticá-lo. Não basta denunciar o mal — é preciso enfrentá-lo com coragem e discernimento. A ética zoroastriana é uma ética de combate. Não violento, mas firme. Não radical, mas absolutamente claro. A retidão não se negocia. A verdade não se curva. A luz não aceita estar em meio à penumbra para agradar a sombras.

Há um destino traçado, sim. Mas ele é condicional. A criação foi feita para triunfar. Ahura Mazda planejou um fim glorioso: o Frashokereti — o tempo da renovação, quando o mal será destruído e o universo restaurado à sua perfeição original. Nesse tempo, a ponte Chinvat servirá de limiar para cada alma, e a balança da verdade será implacável. Não haverá apelo possível. O que cada um escolheu, viverá. E o mal, exposto por completo, será finalmente vencido.

Mas esse fim não é inevitável. Ele depende da colaboração dos justos, dos despertos, dos que mantêm a chama acesa mesmo nas noites mais densas. O Zoroastrismo ensina que cada geração carrega o dever de manter a criação viva. Não apenas com orações, mas com atos. O agricultor que cultiva com respeito à terra, o juiz que decide com imparcialidade, o mestre que ensina com paciência — todos eles são guerreiros de Mazda. Suas ferramentas são as virtudes. Seu escudo é a consciência desperta.

Angra Mainyu, por sua vez, atua para impedir que esse fim aconteça. Seu projeto é a perpetuação da mentira. Ele deseja que o homem acredite que o mal é necessário, que a injustiça é inevitável, que a bondade é ingênua. Ele manipula as estruturas, corrompe as linguagens, insinua que tudo é relativo. Mas a revelação de Zaratustra não deixa espaço para ambiguidade: o bem é real. O mal também. E escolher entre eles é a mais profunda forma de espiritualidade.

O conflito cósmico, portanto, não é sobre poder. É sobre fidelidade. Quem permanece fiel à luz, mesmo diante das perdas, das dores, da solidão, já venceu a batalha que importa. E essa vitória não é invisível. Ela reverbera na ordem do mundo. Cada ato de bondade inclina a balança cósmica. Cada escolha ética fortalece os alicerces da criação.

Há, então, um heroísmo cotidiano no coração da doutrina zoroastriana, que transforma o comum em sagrado. Não se trata de feitos espetaculares nem de gestos grandiosos, mas da integridade sustentada no silêncio das pequenas decisões. O verdadeiro guerreiro da luz é aquele que mantém a palavra quando seria mais fácil recuar, que age com justiça mesmo quando ninguém observa, que escolhe o bem sem esperar recompensa. Esse é o campo onde o conflito se define: não nos céus distantes, mas na intimidade da consciência humana. A batalha do cosmos é travada com o verbo, com o gesto, com a escolha. E é isso que confere ao ser humano um valor incomensurável — ele é o elo entre o visível e o invisível, o ponto onde o divino decide confiar.

Essa confiança é também uma responsabilidade. Não se pode alegar ignorância. A verdade foi revelada, e com ela, o chamado. A neutralidade é impossível. A omissão é uma forma de concessão ao mal. Em um universo onde a luz pede colaboração ativa, o silêncio diante da injustiça é cumplicidade. Por isso, o conflito cósmico não exige apenas fé, mas lucidez. O despertar moral é um imperativo. Não basta saber — é preciso querer. Não basta querer — é preciso fazer. Cada geração é convocada a renovar esse pacto com a criação, a reencenar o drama do discernimento entre Asha e Druj, entre o que sustenta e o que desagrega. E a eternidade observa — não com julgamento impessoal, mas com esperança.

A esperança, afinal, é o fio invisível que percorre toda a narrativa cósmica. Não a esperança passiva, que espera que o bem vença por si só, mas a esperança ativa, feita de escolha consciente e ação reta. Essa esperança sabe que a escuridão é ruidosa, mas não eterna. Que a mentira grita, mas não permanece. Que o mal se organiza, mas não prevalece diante da clareza do bem. E é por isso que o conflito cósmico, apesar de intenso, carrega em si a certeza de um desfecho luminoso — não porque será fácil, mas porque será justo.

Capítulo 8
A Criação Divina

A criação não é um ato fortuito nem um capricho divino lançado ao vazio. No Zoroastrismo, ela é um gesto consciente, meticuloso, ético. Ahura Mazda, ao dar forma ao mundo, não buscou entretenimento, domínio ou adoração. Criou por amor à ordem, pela necessidade de manifestar, em realidade concreta, os princípios eternos de sabedoria, verdade e justiça. Criar é estender-se, multiplicar-se em formas vivas e harmoniosas. E cada etapa da criação revela mais sobre a mente do Criador e o destino do universo.

A tradição zoroastriana descreve o processo da criação como sete atos sequenciais, cada um correspondendo a um aspecto da realidade e a uma das emanações divinas de Mazda, os Amesha Spentas. Esse número, sete, carrega uma harmonia interna, pois representa totalidade e equilíbrio. Sete dias, sete virtudes, sete pilares que sustentam o edifício cósmico. E não por acaso, cada uma dessas etapas revela a profundidade com que Ahura Mazda entrelaça espírito e matéria, sentido e forma.

No primeiro ato, Mazda criou o Céu. Não o firmamento apenas como um teto azul, mas como o espaço divino onde a ordem se estabelece. O céu é o escudo que protege a criação do caos que espreita além das fronteiras do mundo. Ele é vasto, silencioso e sereno, como a mente do Criador. Associado ao Amesha Spenta Khshathra Vairya, o Domínio Ideal, o céu simboliza o reino justo que paira acima do mundo e inspira os homens à equidade.

No segundo ato, veio a Água. Fonte de vida, espelho do céu, elemento de purificação. A água representa movimento sem destruição, força que lava sem ferir. Sob o amparo de Haurvatat, a Plenitude, ela carrega a memória da origem e a promessa da continuidade. Em sua fluidez, está o ensinamento de que a vida deve adaptar-se sem perder sua essência. Toda alma pura reconhece a voz de Mazda no som de um rio que corre em liberdade.

O terceiro ato de criação foi a Terra. Base firme, chão onde os passos ganham sentido. Criar a terra foi fincar os pilares da manifestação. É sob sua superfície que a semente dorme, que o tempo escreve sua presença, que os ciclos se renovam. A terra é o ventre da criação, fértil, paciente, silenciosa. Spenta Armaiti, a Devoção Amorosa, a governa. E nela está inscrita a humildade: tudo o que se ergue um dia retornará a ela, não como fim, mas como reinício.

No quarto ato, Ahura Mazda criou as Plantas. E com elas, inaugurou a nutrição, o sustento que não exige sangue. As plantas são dádivas silenciosas, que oferecem vida sem violência. Crescem em direção à luz, mas fincam-se no escuro, lembrando que a ascensão começa na raiz. Ameretat, a Imortalidade, preside essa criação. Pois as plantas, mesmo ceifadas, espalham sementes, e nelas vive a promessa de que a vida se recusa a cessar.

Em seguida, vieram os Animais, quinto ato do Criador. A presença animal na criação é mais do que função biológica — é símbolo da conexão sensível entre seres. Entre eles, o gado é especialmente reverenciado, pois representa a inocência que serve sem destruição, o ciclo de vida que alimenta sem agredir. Vohu Manah, a Boa Mente, guia essa esfera, lembrando ao homem que o cuidado com os animais é expressão de sabedoria e compaixão. Matar por crueldade, explorar por ganância, é cooperar com Angra Mainyu. Proteger e respeitar é aliar-se a Mazda.

O sexto ato de criação foi o Homem. Não como um ser superior por direito, mas como guardião consciente da criação. O homem foi dotado de razão, palavra e vontade para cooperar com o divino. Ele é ponte entre o espírito e a matéria, entre o céu e a terra. Em sua mente habita a capacidade de escolher, e nessa escolha reside a mais alta forma de liberdade e de risco. O ser humano é chamado a refletir a luz de Ahura Mazda através de pensamentos justos, palavras verdadeiras e ações puras. Sua existência é sagrada porque ele participa do destino do mundo. Ele é tanto espectador quanto protagonista do drama cósmico.

O sétimo e último ato foi o Fogo. Não o fogo que destrói, mas o que ilumina e purifica. O fogo zoroastriano é a presença visível do invisível. Ele não é objeto de adoração, mas o sinal tangível da verdade que arde sem consumir. Asha Vahishta, a Verdade Suprema, reside nesse elemento. Ele é o guardião da consciência, o filtro da impureza, a lâmpada que não se apaga no coração do justo. É por isso que, nos altares zoroastrianos, uma chama é mantida acesa: para lembrar que a luz do bem é contínua, mesmo quando a noite parece infinita.

Esses sete atos não são eventos passados. São estruturas do presente. O mundo está constantemente sendo criado, porque a criação é sustentação, não apenas origem. Ahura Mazda não se afastou depois de moldar o mundo. Ele permanece, emanando sua sabedoria através dos Amesha Spentas, renovando cada instante, inspirando cada ser.

Mas essa criação está sob ataque constante. Angra Mainyu, ciente de sua incapacidade de gerar, tenta infiltrar-se nas etapas da criação para deformá-las. Ele envenena os rios, contamina o ar, corrompe a terra com ganância. Faz da mente um campo de guerra, das palavras instrumentos de mentira, das ações, veículos de egoísmo. A batalha pela criação é permanente. E cabe ao homem, como parte dessa criação e agente livre, decidir de que lado irá atuar.

Por isso, cada elemento do mundo é também um campo sagrado. Cuidar do solo, das águas, dos animais, é uma forma de culto. Preservar a verdade, respeitar a vida, viver com simplicidade e dignidade é manter a criação viva. A criação não é algo que ocorreu em um tempo mítico — ela está acontecendo agora. E pode ser fortalecida ou ferida a cada instante, conforme os atos humanos.

A espiritualidade zoroastriana não propõe fuga do mundo. Ela propõe presença absoluta. Estar no mundo com consciência, enxergando cada parte da realidade como portadora de sentido e dignidade. O universo não é um acidente. Ele é um organismo divino. E cada criatura, cada gesto, cada palavra é uma costura nesse tecido.

Essa perspectiva confere à existência um caráter de reverência contínua. Viver é participar da manutenção do cosmos. O cotidiano se torna sagrado quando é atravessado por essa percepção de que tudo está interligado — o gesto de plantar uma árvore, a escolha de uma palavra honesta, o cuidado com um animal ou a gratidão silenciosa ao beber água limpa. Nada é pequeno demais quando se vive dentro de uma criação que pulsa com o sopro divino. A verdadeira espiritualidade, aqui, não se isola em templos, mas se infiltra no mundo e transforma cada momento em altar. E é por isso que o homem não apenas habita a criação: ele colabora com ela ou a fere, a sustenta ou a trai.

A fidelidade à criação exige atenção e coragem. Não é possível permanecer neutro diante de um universo que depende de nós para manter sua integridade. Angra Mainyu se manifesta nos hábitos negligentes, na ganância disfarçada de progresso, no desrespeito mascarado de pragmatismo. Reconhecer isso é também aceitar o chamado ético que pulsa em cada detalhe da existência. Não há separação entre ecologia e espiritualidade, entre ética e devoção. O cuidado com a terra é também o cuidado com a alma. E quando o homem age alinhado com os princípios que regem os sete atos da criação, ele transforma o mundo num espelho cada vez mais límpido da mente de Mazda.

Viver de forma justa, nesse contexto, é mais do que cumprir mandamentos: é afinar-se com o próprio ritmo do universo. O Zoroastrismo nos convida a participar da criação como artesãos conscientes, como guardiões da luz que emana de cada ser. E essa luz não exige milagres, mas integridade. Porque a criação divina ainda está em curso, e o destino do mundo permanece entrelaçado à qualidade dos pensamentos, das palavras e das ações de cada um. Quem compreende isso já não caminha mais sozinho — caminha com a própria essência do sagrado sob os pés.

Capítulo 9
Os Sete Imortais

No centro vivo da espiritualidade zoroastriana, onde o sagrado se desdobra em função e sentido, encontram-se os Amesha Spentas — os Sete Imortais. Eles não são deuses isolados nem figuras autônomas na hierarquia divina. São, antes, emanações puras de Ahura Mazda, aspectos de sua inteligência criadora manifestos como princípios cósmicos e éticos. Quando Mazda criou o universo, Ele não apenas deu origem à matéria e ao espírito, mas imprimiu sua própria essência em sete formas vivas, eternas, perfeitas.

A palavra "Amesha Spenta" pode ser traduzida como "Imortal Benevolente" ou "Santo Imortal". Esses seres não morrem porque não pertencem à matéria corruptível. Eles existem em um plano onde o tempo não corrói e o mal não penetra. Ainda assim, suas influências se derramam no mundo, como rios espirituais que alimentam todas as coisas criadas. Eles são forças conscientes, inteligências operantes, presenças vivas. Cada um deles é ao mesmo tempo um arquétipo espiritual, um elemento da natureza e um valor ético. Não estão presos à abstração: agem.

O primeiro desses imortais é Vohu Manah, a Boa Mente. É por meio Dele que a sabedoria entra no mundo. Ele inspira o pensamento justo, o discernimento limpo, o raciocínio que busca a compaixão. Vohu Manah está presente quando a mente se recusa a se corromper, quando escolhe a retidão mesmo que o erro prometa atalhos. É Ele quem conduz Zaratustra à presença de Ahura Mazda, conforme relatam os Gathas. Em termos cósmicos, Vohu Manah está associado aos animais, especialmente ao gado, símbolo de inocência e utilidade pacífica. A mente justa reconhece a dignidade da vida e a trata com respeito.

A seguir vem Asha Vahishta, a Verdade Suprema. Não se trata de verdade no sentido relativo ou conceitual, mas da estrutura última da realidade. Asha é a ordem perfeita, o alinhamento entre o que é e o que deve ser. Onde há justiça, há Asha. Onde há harmonia, há Asha. Seu domínio é o fogo, símbolo de purificação e luz. A verdade consome a mentira como o fogo consome o véu da escuridão. Invocar Asha é buscar viver em sintonia com a essência do real, sem distorções, sem atalhos morais, sem justificativas para o erro.

Khshathra Vairya vem em terceiro, representando o Domínio Ideal. Ele não é apenas o conceito de governo justo, mas a força que estabelece a autoridade legítima. Seu elemento é o metal — duro, resistente, incorruptível. Ele está presente onde o poder é exercido com justiça, onde a liderança serve ao bem comum e não à vaidade. Em Khshathra, a realeza se torna sagrada, desde que usada como instrumento da ordem. Ele protege os que governam com sabedoria e condena os que usurpam o poder. Ele lembra que toda autoridade deve imitar a estrutura cósmica: forte, justa, servil ao bem.

O quarto imortal é Spenta Armaiti, a Devoção Amorosa. É a mais próxima da terra, e também a mais silenciosa. Sua presença é sentida na humildade, na paciência, no cuidado cotidiano. Ela não se impõe, mas sustenta. Governa o solo fértil, símbolo da fé que nutre e abriga. Armaiti é o espírito da mulher sábia, da mãe que protege, do trabalhador que semeia. Sua devoção não é passividade — é resistência firme, é fidelidade que não se abala. Ela representa a força da entrega e a potência do serviço como formas superiores de espiritualidade.

Haurvatat, a Plenitude, é a quinta. Ela governa as águas, elementos de cura, purificação e integração. Haurvatat atua onde há saúde, integridade emocional, equilíbrio. Sua energia é a da completude, da totalidade que não carece de excessos. Ela é invocada em rituais de bênção, em pedidos por harmonia. A sua presença dissolve os conflitos internos, pacifica as emoções, alinha os ritmos do corpo com os da alma. Sua água não apenas limpa — ela consagra. Onde ela toca, floresce a reconciliação entre o ser e sua origem.

Ao seu lado está Ameretat, a Imortalidade, guardiã das plantas e da continuidade da vida. Se Haurvatat protege o agora, Ameretat garante o depois. Ela está nos ciclos da natureza, na resiliência das florestas, na semente que ressurge após o inverno. Seu espírito atua onde a vida se renova, onde o fim é vencido pela permanência. Ela também vela pelas almas dos justos até a ressurreição. Sua ação é silenciosa, mas vital: sem ela, não haveria amanhã. Ameretat é a resposta de Mazda à ameaça de Angra Mainyu. Ela afirma, com sua existência, que o bem é eterno.

O sétimo aspecto é o próprio Spenta Mainyu, o Espírito Benevolente de Ahura Mazda. Ele não é exatamente um dos seis Amesha Spentas, mas os envolve a todos como fonte e princípio. Spenta Mainyu é a emanação direta do próprio Deus. É o espírito com o qual Mazda criou o mundo. É a força que insufla bondade na criação, liberdade no ser humano e sabedoria nos que escolhem o bem. Ele é o impulso criador que anima a existência com luz.

Esses sete imortais operam em unidade. Eles não competem entre si. Cada um ocupa um lugar específico na estrutura do cosmos e do espírito humano. Juntos, eles formam o arcabouço sagrado que sustenta o mundo. Compreendê-los é compreender como Ahura Mazda age: não como um rei distante, mas como uma luz que se espalha em raios distintos, cada qual cumprindo uma função essencial.

Os Amesha Spentas também têm papel ritual e devocional. Cada um pode ser invocado em preces específicas, conforme a necessidade: sabedoria, cura, proteção, orientação moral. Nos templos zoroastrianos, o fogo arde em sua homenagem, pois cada chama é um reflexo da luz que cada imortal carrega. Eles não exigem sacrifícios — exigem consciência. Não desejam temor — inspiram fidelidade.

Eles não são apenas entidades espirituais. São guias. São mapas vivos. São forças atuantes que tocam o mundo visível e invisível. O agricultor que respeita a terra está com Armaiti. O juiz que pesa com justiça atua sob Khshathra. O médico que cura com verdade se aproxima de Haurvatat. O poeta que busca clareza se alinha a Vohu Manah. Todos que escolhem o bem, em qualquer forma, são seus aliados.

Essa aliança, no entanto, não se dá apenas pela ação pontual, mas pelo modo como o ser humano configura sua vida inteira em ressonância com esses princípios. Os Amesha Spentas não estão distantes, esperando reconhecimento formal — eles se manifestam em cada gesto de lucidez, em cada movimento de compaixão, em cada decisão tomada com responsabilidade. A espiritualidade zoroastriana os entende não como figuras a serem adoradas, mas como realidades com as quais se pode conviver. A devoção, nesse sentido, não se resume à oração: ela é um modo de ser no mundo. Viver segundo os Spentas é afinar-se com a inteligência do universo, tornar-se um canal onde o divino não apenas toca, mas transforma a realidade.

Em uma era onde o sagrado muitas vezes se oculta sob o ruído do ego, os Sete Imortais permanecem como fundamentos silenciosos, mas potentes, de um caminho espiritual possível. Cada um deles convida o ser humano a cultivar dentro de si aquilo que sustenta o mundo: clareza de mente, retidão de ação, generosidade de alma, humildade de postura, saúde integral, esperança na continuidade e abertura ao espírito. São virtudes antigas e, ao mesmo tempo, urgentemente contemporâneas. E é por isso que os Amesha Spentas não pertencem apenas a um tempo remoto, mas respiram no agora, onde quer que alguém escolha viver com lucidez e verdade.

Ao reconhecer esses princípios como presenças vivas, o ser humano se reposiciona diante do cosmos. Já não se vê como mero passageiro em um mundo estranho, mas como partícipe consciente de um projeto maior. Os Sete Imortais não se impõem com milagres nem com dogmas — eles se insinuam como um chamado interior, uma lembrança de que é possível viver com sentido, com justiça e com beleza. Segui-los não é render-se a uma moral externa, mas redescobrir, em cada passo, a centelha de um Criador que confiou ao homem o privilégio — e o dever — de ser guardião da luz.

Capítulo 10
Vohu Manah

Entre os sete pilares espirituais que sustentam a criação, Vohu Manah — a Boa Mente — ergue-se como o primeiro reflexo da consciência de Ahura Mazda, o mais próximo da alma humana e, por isso, o mais decisivo na travessia moral de cada indivíduo. Vohu Manah não é apenas uma qualidade ética, mas uma presença viva e atuante que orienta o pensamento à luz, desvia-o da mentira e da corrupção, e sopra no silêncio da mente as direções da justiça. Em um universo onde o livre-arbítrio é a mais sagrada das ferramentas humanas, a ação de Vohu Manah é a mais essencial.

Seu nome, composto pelas palavras "vohu" (bom) e "manah" (mente ou pensamento), revela mais do que um ideal filosófico. Vohu Manah é a própria estrutura mental correta, a mente que pensa com clareza, compaixão e sabedoria. Pensar com bondade, no Zoroastrismo, não é uma escolha emocional — é um ato de coragem espiritual. É alinhar-se com o princípio da verdade antes que ela se manifeste nas palavras ou nas ações. Vohu Manah habita esse espaço liminar entre o pensamento e a escolha, sendo a primeira linha de defesa contra o avanço sutil de Angra Mainyu.

Foi ele, segundo os Gathas, quem conduziu Zaratustra até a presença de Ahura Mazda. Não foi um anjo no sentido tradicional, nem um espírito mensageiro externo. Vohu Manah apareceu como uma iluminação interna, uma clareza que rompeu o véu da dúvida, como uma lanterna acesa na caverna escura da mente humana. Zaratustra viu a luz da verdade não nos céus, mas em seu próprio entendimento — e esse entendimento era Vohu Manah. Desde então, todos os que buscam a retidão devem, primeiro, atravessar esse mesmo caminho interior.

A ação de Vohu Manah está profundamente enraizada na consciência moral. Ele não grita, não impõe, não seduz. Ele sussurra. Ele sugere com firmeza. Ele conduz sem forçar. Por isso, sua presença depende da escuta ativa, da mente limpa, da disposição para abandonar o orgulho e as ilusões. A mente tomada pela vaidade não ouve Vohu Manah. O coração que teme a verdade não reconhece sua voz. Ele fala apenas onde há espaço para o real, onde a busca não é pela conveniência, mas pela justiça.

Em termos cósmicos, Vohu Manah está associado aos animais — especialmente ao gado, que no mundo antigo representava a base do sustento, a docilidade, a persistência e o benefício mútuo. Cuidar dos animais, respeitá-los, proteger sua integridade era, e ainda é, uma forma de honrar Vohu Manah. Não por idolatria ao animal, mas porque os seres vivos que coexistem com o homem são reflexos de sua capacidade de viver com compaixão e discernimento. O abuso, a crueldade gratuita, a exploração são crimes não apenas contra a natureza, mas contra a própria mente justa.

Nas tradições zoroastrianas, o gado assume um papel simbólico porque sua presença exige do homem equilíbrio: ele precisa da terra, da água, da atenção humana — mas também retribui com alimento, força e companhia. O homem que trata bem seus animais, que reconhece neles uma porção da criação de Mazda, demonstra que sua mente não foi corrompida pelo egoísmo. Essa conexão entre ética e cotidiano é o selo de Vohu Manah. Ele não habita os salões da teoria — ele se manifesta na prática viva da retidão.

No plano espiritual, Vohu Manah atua como o primeiro protetor da alma. Ao nascer, o ser humano carrega o potencial de pensar com bondade. Esse potencial é semente plantada por ele. Ao longo da vida, essa semente pode ser sufocada por orgulho, ódio e ignorância, ou pode ser nutrida com reflexão, escuta e honestidade. Viver com Vohu Manah é um exercício constante: pensar antes de falar, questionar antes de seguir, discernir antes de agir. A mente não é um espelho — é um campo de batalha. E a boa mente é aquela que se recusa a ser campo para mentiras.

As orações dedicadas a Vohu Manah pedem não apenas inteligência, mas clareza ética. Não pedem apenas conhecimento, mas sabedoria. Pois a mente pode ser afiada e ainda assim perversa. Vohu Manah não tolera esperteza que serve à vaidade, nem lógica que justifica o erro. Ele é a pureza da razão que se recusa a ser serva do ego. Sua presença é percebida nas decisões silenciosas, nos pensamentos que ninguém vê, nas intenções que definem os caminhos do destino humano.

Ele não caminha sozinho. Sua atuação se conecta diretamente com a de Asha Vahishta, pois o pensamento correto conduz à verdade, e a verdade sustenta a ordem do mundo. Também se entrelaça com Spenta Armaiti, pois uma mente que pensa bem deve se curvar com humildade diante do que é justo. Vohu Manah é a centelha que inicia o processo, o primeiro passo na trilha da iluminação interior. Sem ele, não há virtude que se sustente, nem pureza que permaneça.

É também através de Vohu Manah que o julgamento se inicia. Após a morte, quando a alma atravessa a ponte Chinvat, são os pensamentos que serão pesados primeiro. A boa mente, se cultivada, será como asas que sustentam a travessia. A mente corrompida, por outro lado, será o peso que arrasta a alma para o abismo. Por isso, viver com Vohu Manah não é apenas uma questão moral — é uma preparação para a eternidade.

Os que seguem esse caminho não se tornam santos inatingíveis. Tornam-se seres conscientes. A boa mente não é ausência de erro — é presença constante de arrependimento e correção. Ela não é pureza inata — é conquista diária. É o esforço de olhar para si sem máscaras, de pensar antes de agir, de escolher o bem mesmo quando o mal parece mais fácil. Em um mundo seduzido pela velocidade, pelo ruído e pela aparência, Vohu Manah é o chamado à lentidão, à escuta, à essência.

Ele não é exclusivo de religiosos ou eruditos. Manifesta-se no camponês que planta com honestidade, na criança que escolhe a verdade, no ancião que ensina com paciência. Vohu Manah vive onde há dignidade no pensar. Sua presença não depende de rituais grandiosos, mas de pequenos gestos conscientes. Ele é a lembrança de que o mundo muda primeiro dentro da mente. E que a mente justa é a primeira forma de luz que pode vencer, todos os dias, o assalto invisível de Angra Mainyu.

Essa luz silenciosa que Vohu Manah acende na mente humana não se impõe com fanfarras, mas resplandece com profundidade onde há disposição para o autoconhecimento. Em um tempo em que as ideias se tornam armas e o discurso frequentemente se afasta da realidade, a presença desse Imortal atua como antídoto contra a arrogância do intelecto desalmado. Ele convida ao retorno ao essencial: pensar como quem serve, não como quem domina; raciocinar como quem deseja curar, e não vencer. Porque a boa mente não é apenas lúcida — ela é compassiva. E esse encontro entre clareza e empatia é o que transforma o pensamento em instrumento de redenção.

Talvez por isso, Vohu Manah seja o mais íntimo dos Amesha Spentas. Ele não habita altares distantes nem exige vocações extraordinárias. Está à porta de cada reflexão, esperando ser escolhido. Sua morada é a intenção, seu templo é a consciência desperta. Viver com ele é exercitar o mais difícil dos trabalhos: o de sustentar o bem mesmo quando ninguém está olhando, o de recusar atalhos mesmo quando o cansaço convida à negligência. A boa mente não é um presente que se recebe uma vez, mas uma prática que se renova a cada amanhecer.

Seguir Vohu Manah é, portanto, seguir um caminho de lucidez moral e serenidade ativa. É tomar para si a tarefa de ser fonte de clareza em um mundo frequentemente tomado por sombras. É fazer da mente um espelho onde o reflexo de Ahura Mazda possa surgir, ainda que por instantes, com nitidez. E, nessa escolha constante pelo bem pensar, o homem se torna coautor da criação — não apenas vivendo no mundo, mas ajudando a sustentá-lo, pensamento por pensamento, gesto por gesto, como quem, ao cuidar da própria mente, cuida do destino do universo.

Capítulo 11
Asha Vahishta

Se Vohu Manah é a semente do pensamento justo, Asha Vahishta é o campo onde esse pensamento se enraíza e floresce como vida íntegra. Asha, palavra cuja profundidade não encontra espelho exato em outro idioma, significa mais do que verdade. Ela é verdade como realidade ordenada. É também retidão, justiça, pureza, harmonia, o ritmo do cosmos quando está em sua cadência correta. E Asha Vahishta — "a Melhor Verdade" — é a emanação suprema desse princípio em forma viva, uma das sete manifestações de Ahura Mazda, sustentáculo do mundo e da consciência desperta.

Asha não é conceito, não é doutrina, não é ideia. É a própria espinha dorsal da realidade. É por meio dela que o mundo se mantém estável, coerente, respirando em equilíbrio. Quando o sol se levanta a cada manhã, quando o fogo consome impurezas e revela claridade, quando a palavra justa resgata uma alma da confusão — Asha Vahishta está presente. Sua ação é a mais pura entre todas, porque nada busca para si. Ela não julga com sentimentos, mas com precisão. Seu critério é absoluto: ou algo está alinhado com a ordem, ou não está.

A presença de Asha é percebida no ritmo da natureza. No fluir das estações, no retorno da chuva à terra seca, no brotar da flor na fenda da pedra. Tudo o que se repete com exatidão, tudo o que nasce em conformidade com seu propósito essencial, está sob a regência de Asha. O universo não é caos. O caos é a sombra projetada pela ação de Angra Mainyu sobre a criação. A realidade, em seu estado original e pleno, é Asha. E o papel do ser humano é alinhar sua vida com esse fluxo, como um rio que corre para seu destino sem resistir ao curso natural.

No Zoroastrismo, viver de acordo com Asha é mais do que ser bom — é ser real. A falsidade é considerada a maior corrupção porque não apenas engana: ela fere a estrutura do cosmos. A mentira, a desordem, o desequilíbrio não são apenas erros morais, mas afrontas ao tecido mesmo da criação. É por isso que Asha Vahishta também está ligada ao fogo. O fogo não apenas ilumina, mas revela. Ele queima as ilusões, transforma o impuro, esquenta o frio da indiferença. No templo zoroastriano, onde a chama sagrada nunca se apaga, é a presença de Asha que arde em silêncio.

A associação de Asha com o fogo é uma das mais poderosas imagens do Zoroastrismo. O fogo não é adorado, mas reverenciado como símbolo vivo da luz moral. Ele nunca aceita o falso. Ele não simula calor: ou aquece ou não é fogo. Ele consome o que não tem essência. Da mesma forma, Asha não negocia com a mentira. Sua justiça é precisa, mas não punitiva — é reveladora. Quem vive em verdade não teme Asha.

Quem se esconde nas sombras, por outro lado, não suporta sua presença.

A ação de Asha Vahishta não está limitada ao universo físico. Ela opera também no mundo humano, nas estruturas sociais, nos julgamentos éticos, na consciência que acusa e redime. O juiz que pesa com imparcialidade, o governante que distribui com equidade, o professor que ensina sem manipular, todos agem sob a inspiração de Asha. Ela é a medida justa em todas as coisas. O caminho do meio não por tibieza, mas por exatidão. Viver com Asha é ser justo sem dureza, verdadeiro sem crueldade, puro sem vaidade.

Ela também tem função decisiva após a morte. Quando a alma se apresenta diante da ponte Chinvat, é Asha que define a largura da travessia. Não basta ter boas intenções — é preciso ter vivido em conformidade com a ordem. A balança da alma não se desequilibra com desejos, mas com ações. Asha é o critério, a régua, o espelho. Não há como mentir para ela. O que se foi, será revelado. O que se fez, será medido. Ela é a memória da criação e a testemunha do caminho de cada ser.

Mas não se deve temer Asha. Ela é beleza e perfeição. O homem justo a ama como se ama a música que emociona, o traço perfeito de uma obra de arte, o silêncio que precede a verdade. Ela não é policial cósmica — é a harmonia da qual todos viemos e para a qual todos devemos retornar. Seus seguidores não são os que se curvam de medo, mas os que se erguem com dignidade. Viver com Asha é caminhar com o universo, sem resistência, sem engano, sem disfarce.

No corpo humano, ela está no pulso da respiração, na clareza do olhar, na firmeza da palavra. Está no gesto que não precisa se justificar, na escolha que não duvida, na resposta que não vacila. No mundo, está na flor que desabrocha sem testemunhas, na chuva que cai sem pedido, no tempo que passa sem cessar. Tudo o que não mente, que não mascara, que não trai sua origem — carrega a marca de Asha Vahishta.

Ela também orienta os rituais. No Yasna, o principal ofício litúrgico do Zoroastrismo, a invocação de Asha é constante. Suas fórmulas faladas, repetidas em cadência precisa, são como uma reconstituição da ordem cósmica através da palavra. Quando os sacerdotes recitam os hinos, eles não estão apenas louvando, estão realinhando o mundo, purificando os espaços, curando a linguagem. A linguagem é, aliás, um de seus domínios mais sensíveis. Toda palavra proferida deve ser verdadeira — não apenas nos fatos, mas na intenção. Mentir é quebrar o elo com o sagrado.

Asha Vahishta não exige perfeição, mas direção. Ela não condena o que é imperfeito, mas o que se recusa a caminhar. O justo não é o que nunca cai, mas o que levanta sempre para o lado certo. O erro não é o fim — é o campo de aprendizado. Mas o engano voluntário, o desvio planejado, o fingimento — esses são os crimes contra a verdade. Contra Asha, nada pode esconder-se.

Por isso, a presença dela na vida do fiel é um farol. Ela mostra o que precisa ser ajustado, e oferece luz para fazê-lo. Ela não é a punição, mas o caminho que impede a punição. Viver com Asha Vahishta é o maior escudo contra Angra Mainyu, que só prospera onde a verdade é negada. Asha não grita, mas com ela, tudo ressoa com sentido. É nela que a existência se torna melodia, e o caos se desfaz como sonho ao despertar.

Há algo profundamente consolador em saber que a própria estrutura do universo pulsa com o princípio de Asha. Em meio às imperfeições do mundo visível, aos desvios humanos e às sombras que Angra Mainyu lança sobre a criação, Asha permanece inalterada, como uma linha de ouro atravessando o tempo, disponível a quem deseje se alinhar a ela. Não é uma força que exige rituais grandiosos nem sacrifícios dolorosos — exige presença, clareza e compromisso com o que é real. É possível viver com Asha no mais humilde dos trabalhos, na mais simples das escolhas, desde que feitas com inteireza. Ela é o sopro que endireita a alma quando o mundo parece dobrado.

É por isso que Asha Vahishta não pode ser conquistada por argumentos nem barganhas. Ela se revela àquele que se dispõe a viver com verdade em cada ato, mesmo quando ninguém está vendo, mesmo quando a verdade parece custosa. Porque viver em Asha não é isentar-se das dores do mundo — é dar sentido a elas. É compreender que toda escolha tem reverberação, que toda mentira rompe um elo invisível entre o ser e o cosmos, e que toda fidelidade à verdade, por menor que pareça, é um passo firme rumo à completude. A espiritualidade zoroastriana, ao colocar Asha como eixo, ensina que a beleza da vida não está na ausência de conflito, mas na coerência com que se caminha.

E quando o fogo arde no altar ou no coração, quando a palavra justa é dita mesmo sob risco, quando a escolha difícil é feita por fidelidade àquilo que é certo, Asha Vahishta se manifesta — não como espetáculo, mas como certeza silenciosa. Ela é a prova de que há uma ordem possível, de que o bem não é ilusão, de que a verdade é, sim, habitável. E quem escolhe caminhar com ela talvez não evite todas as quedas, mas encontrará sempre o chão firme para reerguer-se. Porque Asha é, em última instância, o chão da própria realidade: estável, claro e pronto para sustentar aqueles que decidem, com coragem, viver à sua altura.

Capítulo 12
Khshathra Vairya

Em meio à complexidade luminosa do panteão espiritual do Zoroastrismo, Khshathra Vairya se impõe não pela força bruta, mas pela dignidade do poder justo. Seu nome, traduzido como "Domínio Ideal" ou "Governo Desejável", aponta para uma dimensão da divindade que compreende o uso correto da autoridade, o exercício da soberania em perfeita harmonia com a verdade, com a bondade e com a sabedoria. Ele é a representação do poder quando este se curva ao bem, e não da tirania que se impõe sobre os fracos.

Khshathra Vairya não é o senhor dos exércitos, nem o patrono da conquista territorial. Seu domínio é o da estrutura que protege, organiza e sustenta. É a energia espiritual que habita o ato de governar com justiça, a ética que deve guiar a liderança, o equilíbrio que impede o poder de tornar-se opressão. Em uma sociedade zoroastriana ideal, toda forma de autoridade — do lar ao império — deve refletir Khshathra. Ele é, por isso, uma força que tanto inspira reis como regula consciências.

Em nível cósmico, Khshathra está associado ao metal. E esse símbolo não é gratuito. O metal, em sua essência, é firme, reluzente, resistente à corrupção. Ele não cede ao tempo com facilidade. Tem peso, presença, utilidade. No universo espiritual, o metal representa a integridade que não se dobra à pressão. O governante ideal é como o metal: maleável apenas na medida certa, mas incorruptível em sua essência. Ele é escudo contra o caos e espada contra a injustiça. O metal não se inflama como o fogo, não se dissolve como a água, não se move como o ar — ele sustenta, ancora, edifica.

Khshathra Vairya se manifesta onde há ordem, onde a lei é instrumento de equidade, onde o poder é usado para proteger os inocentes e para manter a coerência da vida social com os princípios eternos da criação. Seu espírito atua no legislador que escreve com clareza, no juiz que aplica com isenção, no líder que serve ao povo sem arrogância. Toda autoridade que busca apenas a si mesma, que se alimenta da exploração ou que se mantém pela mentira, está fora do domínio de Khshathra — e, portanto, fora da aliança com Ahura Mazda.

A função espiritual de Khshathra não se limita às estruturas políticas. Ele também habita a alma que sabe governar a si mesma. Autodomínio, disciplina, firmeza de caráter, resiliência diante do mal — todas essas são expressões do seu poder. Um homem que domina suas paixões, que não se curva ao desespero, que resiste à tentação da corrupção mesmo quando ninguém o observa, já age sob a influência deste imortal. O verdadeiro governo começa no interior: só governa o mundo quem primeiro soube governar o próprio ser.

A oração a Khshathra Vairya é um pedido por força com retidão, por influência com propósito, por capacidade de proteger sem destruir. É um chamado à responsabilidade. Ele ensina que ter poder não é sinônimo de domínio sobre os outros, mas de dever diante da ordem cósmica. O governante, o pai, o professor, o juiz, o sacerdote — todos, em algum grau, carregam o fardo e o dom do poder. E todos devem se perguntar: este poder reflete a luz de Ahura Mazda ou serve ao ego mascarado de autoridade?

No corpo social, Khshathra Vairya age como defensor da justiça distributiva. Ele rejeita privilégios sem mérito, desigualdades estruturais e sistemas que sustentam o sofrimento de muitos em benefício de poucos. Sua visão é a da comunidade como corpo ordenado, onde cada membro tem valor, e nenhum é explorado. Sua presença é sentida onde a lei não favorece o forte, mas protege o frágil; onde o progresso é medido não pela riqueza, mas pela equidade. Ele ensina que não existe paz duradoura sem justiça, e que o poder verdadeiro não precisa se impor — ele se faz reconhecer pela sua nobreza.

Khshathra também tem papel essencial no julgamento das almas. Ao lado de Asha Vahishta e Rashnu, o espírito que pesa os atos, ele participa do processo que mede o mérito de cada existência. Sua balança não mede intenções vazias, mas a fidelidade ao bem no exercício da vontade. Uma alma que teve poder, mas o usou para benefício próprio, afunda na travessia da ponte Chinvat. Já aquela que, mesmo com pouca influência, agiu com justiça e promoveu a ordem, é erguida pela presença desse imortal.

Entre os fiéis zoroastrianos, Khshathra Vairya é invocado em tempos de crise moral, em momentos de decisão onde a força precisa ser usada com sabedoria. Ele é inspiração para líderes éticos, para os que moldam leis e para os que zelam pela coesão da sociedade. Mas também é conselheiro íntimo daquele que, sozinho no silêncio de suas decisões, precisa lembrar-se de que governar a si mesmo é o primeiro dever.

A sua imagem espiritual, embora invisível, é sentida como presença de firmeza silenciosa. Ele não é impetuoso, não exige adoração. Mas sua ausência é palpável no caos, na tirania, na corrupção. Onde não há Khshathra, a ordem se torna opressão, a justiça vira instrumento de vingança, e o poder, um ídolo cego. Reconhecê-lo é devolver à autoridade seu sentido sagrado. Não há liderança verdadeira sem sacrifício, sem serviço, sem retidão.

No ciclo da criação, Khshathra Vairya sustenta a estabilidade. Ele mantém os pilares que não se veem, os fundamentos que não se movem. O mundo pode mudar, as formas de governo podem variar, mas o princípio do poder justo é eterno. Ele existia antes dos tronos, antes das leis escritas, antes da história. Ele é ideia viva no coração de Ahura Mazda, partilhada com aqueles que ousam liderar sem se esquecer de servir.

Khshathra Vairya, portanto, não apenas delineia o ideal de um governo exterior, mas imprime nos tecidos da existência humana a urgência de um compromisso ético inegociável. Sua influência alcança o gesto cotidiano e a decisão grandiosa, pairando sobre conselhos de Estado e sussurrando no íntimo das escolhas solitárias. Ele lembra que a verdadeira soberania não floresce em palácios nem se apoia em cetros dourados, mas germina no terreno fértil da consciência desperta. É quando o poder se curva diante do dever que Khshathra se revela com mais clareza — não como uma entidade distante, mas como a própria forma do justo exercido.

A presença desse imortal convida a uma reconfiguração da ideia de autoridade. Em tempos onde a força bruta e a manipulação frequentemente são confundidas com liderança, Khshathra Vairya surge como contraponto essencial: um apelo silencioso por coerência, por estruturas que sirvam ao bem comum, por vozes que governem com escuta e não com imposição. Assim como o metal é forjado pelo fogo mas não se perde nele, o verdadeiro líder é temperado pelas provações, mas permanece íntegro. Através dele, o poder ganha contornos de serviço, e a grandeza se mede pela capacidade de sustentar a justiça quando ela parece mais frágil.

A imagem de Khshathra Vairya, portanto, não é a de um trono inalcançável, mas a de uma força que sustenta silenciosamente os alicerces do mundo justo. Ele não clama por glória, mas exige coragem; não se impõe pela presença, mas se reconhece pela ordem que sua ausência compromete. E assim, toda liderança que deseja ser digna, todo coração que anseia por retidão, encontra nele não apenas um ideal, mas um caminho — um chamado constante a lembrar que o poder só é sagrado quando nasce do bem e vive para o bem.

Capítulo 13
Spenta Armaiti

Em um mundo construído sobre a luz da sabedoria e da ordem, há uma presença que se inclina com doçura para tocar o chão da existência: Spenta Armaiti. Ela é a Devoção Amorosa, a mais silenciosa entre os Imortais, e talvez por isso a mais íntima. Enquanto os outros Amesha Spentas se erguem como pilares cósmicos — mente, verdade, domínio, plenitude, imortalidade — Armaiti se curva. Ela não se impõe, ela acolhe. Não se manifesta em clarões, mas em raízes. Seu domínio é a terra, e seu espírito é a humildade que sustenta o mundo sem jamais exigir reconhecimento.

O nome "Spenta Armaiti" carrega uma profundidade que escapa à tradução literal. "Spenta" denota crescimento sagrado, expansão benéfica, e "Armaiti" é a disposição interna de reverência, devoção e paz. Juntas, essas palavras formam um princípio que não é apenas religioso, mas existencial. Spenta Armaiti representa a atitude espiritual de quem serve à verdade não por medo ou interesse, mas por amor à ordem, por comunhão com o bem, por fidelidade silenciosa ao que é justo. Ela é o solo fértil da alma desperta.

Na criação divina, foi Armaiti quem recebeu o papel de guardar a Terra. A terra como elemento físico

— matéria que sustenta os passos, que alimenta, que recebe os mortos — mas também a terra simbólica, lugar do cultivo espiritual, do serviço discreto, da fidelidade silenciosa. Sua força não está no movimento, mas na firmeza. Ela é a imobilidade que nutre. O que nela cresce não grita, não acelera, não explode — floresce. E assim também é sua ação no mundo: vital, profunda, invisível.

A devoção que Armaiti inspira não é cega, nem dogmática. Não é uma submissão passiva ao divino. É uma aliança consciente, amorosa e humilde com a vontade de Ahura Mazda. Ela ensina que servir ao bem não é humilhação, mas elevação. Que curvar-se diante da verdade é erguer-se diante da mentira. Ela é o espírito que aceita as lições da vida com paciência, que não se desespera diante do tempo, que sabe que toda semente floresce se tiver raiz na terra certa.

Na vida humana, Spenta Armaiti manifesta-se em todas as formas de cuidado. No agricultor que lavra a terra com respeito, na mãe que vela pelo filho em silêncio, no ancião que aconselha sem vaidade, no trabalhador que cumpre sua tarefa com dignidade, mesmo sem aplausos. Ela está presente onde há serviço sem vanglória, onde há esforço sem orgulho, onde há amor sem exigência. O mundo moderno, com sua pressa e vaidade, esqueceu muitas vezes de Armaiti — e por isso, tantas vezes, o chão da existência parece estéril.

Ela também é o modelo espiritual do fiel zoroastriano. Não se trata apenas de crer, mas de viver em reverência ativa à ordem cósmica. A verdadeira fé, segundo a influência de Armaiti, não é repetir fórmulas, mas encarnar os princípios. A devoção amorosa é, antes de tudo, coerência. O homem que fala de verdade, mas mente; que louva o bem, mas explora; que prega a luz, mas age nas sombras — esse não caminha com Armaiti. Sua fé é oca. Mas aquele que, mesmo sem palavras rebuscadas, cultiva a bondade no cotidiano, esse já habita seu domínio.

Ela está ligada ao silêncio. Um silêncio que não é ausência, mas plenitude. O silêncio de quem escuta antes de responder. De quem acolhe antes de julgar. De quem se torna chão para que o outro caminhe. Na tradição zoroastriana, há um respeito sagrado pela terra — não apenas como recurso natural, mas como manifestação de Armaiti. Por isso, enterrar os mortos com cuidado, não ferir o solo com violência, agradecer ao alimento que vem da terra — tudo isso são gestos de devoção. São formas de diálogo com ela.

Spenta Armaiti também está presente na humildade verdadeira. Não a falsa modéstia que busca elogio, mas a humildade como estado de ser. O reconhecimento de que o bem não depende apenas de esforço pessoal, mas de conexão com algo maior. Ela é o antídoto contra a arrogância espiritual, contra a crença de que a virtude é mérito próprio. O justo, para Armaiti, é aquele que sabe que sua retidão é fruto de aliança com o divino — e por isso, agradece, serve, permanece firme mesmo na adversidade.

Ela é também mãe espiritual. Não gera corpos, mas sustenta vidas. É nela que o crescimento é possível. Por isso, os que se afastam dela tornam-se estéreis espiritualmente: falam muito, mas produzem pouco.

Parecem sábios, mas não tocam. Parecem fortes, mas não sustentam. Com Armaiti, toda ação ganha raízes. Ela ensina que o caminho espiritual verdadeiro é aquele que se vive de dentro para fora, com paciência, com entrega, com verdade.

Em tempos de instabilidade, a oração a Spenta Armaiti é um retorno ao centro. Um reencontro com o essencial. Ela não promete milagres espetaculares, mas oferece força para continuar. Paz que não depende de circunstâncias. Firmeza que nasce da fé silenciosa. Ela é o chão que não cede. O ventre que gera a esperança. A rocha que sustenta o templo invisível da alma.

Ela também atua na passagem final. Quando a alma deixa o corpo, é a terra que a recebe. E a forma como a terra a acolhe depende de como se viveu com ela. Armaiti não esquece. Ela conhece os passos de cada um. Sabe quem feriu o solo por ganância, quem o respeitou com gratidão. E quando chega a hora, ela é a guardiã do descanso — ou a testemunha da falta de paz.

Spenta Armaiti não se impõe. Ela espera. Como a terra, que tudo recebe sem reclamar, que tudo transforma em silêncio. E é por isso que ela é tão essencial. Pois sem ela, não há raiz, não há permanência, não há continuidade. Sem ela, o saber se torna orgulho, a verdade vira espada, o poder se transforma em opressão. Ela é o equilíbrio que impede que o bem se perca em sua própria força.

A presença de Spenta Armaiti revela que a grandeza espiritual não se mede por discursos ou feitos extraordinários, mas pela constância humilde com que se vive o bem. Ela é o espírito da perseverança silenciosa, da fé que não exige provas, da generosidade que não busca recompensa. Sua ação é como a chuva que amolece a terra aos poucos, como o tempo que amadurece os frutos sem pressa. Onde ela habita, o sagrado se torna cotidiano, e o cotidiano se revela sagrado. É sob sua influência que o trabalho simples se torna oferenda, que a paciência se torna força e que o silêncio se torna linguagem divina.

Ao inspirar a reverência profunda pela vida em todas as suas formas, Spenta Armaiti convida a uma espiritualidade encarnada — aquela que não se limita ao templo, mas se estende à forma como se pisa o chão, como se trata o outro, como se espera pelo tempo certo da colheita. Ela nos ensina que servir é um privilégio, que cuidar é uma forma de sabedoria e que a verdadeira transformação começa na disposição interna de ouvir e acolher. Sua devoção não é uma fuga do mundo, mas uma entrega total à sua cura. Por isso, quem caminha com Armaiti não foge dos desafios, mas os transforma em jardim, mesmo que o solo seja árido.

No silêncio de Spenta Armaiti repousa a promessa de um mundo que se sustenta pela ternura. Ela não levanta muralhas nem empunha espadas, mas ergue vidas com o poder sereno da fidelidade. Em seu domínio, tudo que é profundo cresce em silêncio — como as raízes, como a sabedoria, como o amor verdadeiro. E é nesse espaço fértil, invisível aos olhos apressados, que floresce o espírito desperto: não aquele que brilha para ser visto, mas o que ilumina porque ama.

Capítulo 14
Haurvatat

No ciclo divino que estrutura o Zoroastrismo, há uma emanação que não apenas completa, mas harmoniza todas as outras: Haurvatat, a Plenitude. Ela não é apenas o fim de um processo, mas o estado espiritual onde tudo se integra — corpo, mente, espírito, criação. Onde Vohu Manah guia o pensamento, Asha estabelece a verdade, Khshathra modela a justiça e Armaiti enraíza a devoção, Haurvatat costura tudo isso em um ser pleno, íntegro, que vive em harmonia consigo, com os outros e com o cosmos. Ela é o selo do bem vivido e a expressão do que é santo em forma total.

Seu nome, em avéstico, significa literalmente "integridade" ou "totalidade". Mas o sentido que ela carrega ultrapassa a simples junção de partes: trata-se de um estado em que não há fissuras internas, contradições morais, nem descompassos espirituais. Haurvatat é a saúde da alma refletida na saúde do corpo e no equilíbrio com a natureza. Ela representa a cura, não como ato pontual, mas como modo de existir. Onde ela se instala, a vida flui sem resistência, como um rio que reconhece o próprio curso.

A esfera elementar de Haurvatat é a água. A água como fonte, como purificação, como sustento da vida. A água que contorna os obstáculos, que preenche os vazios, que se molda sem perder a essência. Ela flui pelos rios, pelos corpos, pelos ciclos da existência. Ela limpa não apenas o corpo, mas o campo energético, os pensamentos adoecidos, as memórias envenenadas. A água de Haurvatat não apaga o passado, mas o reconcilia. Ela é o símbolo mais puro da regeneração e da fluidez espiritual.

Invocar Haurvatat é pedir por completude, mas não como acúmulo, e sim como integração. É desejar que as partes desconexas da vida finalmente encontrem seu lugar, que o que foi rompido possa ser tecido novamente, que o que está disperso volte ao centro. É o anseio por uma paz que não depende de circunstâncias externas, mas que emerge de uma alma que se encontrou, que não mais se fratura entre o que pensa, sente e faz.

Essa plenitude é inseparável da saúde. Mas, no Zoroastrismo, saúde não é apenas ausência de doença. É estar alinhado com Asha, é viver em consonância com o ritmo da verdade cósmica. O corpo é sagrado porque é o veículo da alma, o templo da consciência. Maltratar o corpo — com excessos, com negligência, com vícios — é afastar-se de Haurvatat. Cuidar dele, com equilíbrio e reverência, é honrar sua presença. Da mesma forma, cuidar da água, protegê-la, purificá-la, é uma forma de culto.

Na prática devocional, Haurvatat é invocada em momentos de enfermidade, tanto do corpo quanto da alma. Sua energia age como bálsamo sobre feridas antigas, como luz sobre zonas sombrias da consciência.

Ela convida ao autoconhecimento sem julgamento, ao reencontro com o que foi deixado de lado. Suas bênçãos não se manifestam apenas como cura física, mas como reconciliação com a vida, com o próprio destino, com as dores inevitáveis da existência.

Ela está especialmente presente nos rituais de purificação, nos quais a água desempenha papel central. As abluções, os banhos rituais, as bênçãos com água corrente — todos esses gestos são convites à presença de Haurvatat. Mas ela não habita só os ritos — está também nos cuidados simples: o copo d'água oferecido a quem tem sede, o banho dado com ternura a um enfermo, o rio preservado de poluição, o lago respeitado como espelho do sagrado. Onde há respeito pela fluidez da vida, ali ela se manifesta.

No plano ético, viver sob a luz de Haurvatat é buscar coerência. É não dividir-se entre múltiplas máscaras. É ser inteiro em todas as situações. O homem que pensa uma coisa, diz outra e faz uma terceira — esse vive em fragmentação, e não há paz onde há cisão. A mulher que acolhe a verdade, mesmo quando difícil, e a vive com honestidade — essa já manifesta Haurvatat em seu ser. A plenitude não exige perfeição, mas sinceridade. Não exige vitórias, mas presença plena.

Ela também compartilha sua ação com Ameretat, a Imortalidade. Juntas, as duas guardam os mistérios da continuidade, do tempo que não devora, mas amadurece. Haurvatat sustenta o agora — a saúde, a integridade, a totalidade. Ameretat assegura que essa totalidade não se perca, mesmo diante da morte. Ambas operam em sintonia, como águas que se encontram num mesmo oceano. Uma nutre a jornada. A outra garante que a jornada tem destino.

Na escatologia zoroastriana, Haurvatat tem papel central. Quando o Frashokereti ocorrer, e o mundo for purificado de todo o mal, será ela quem reinará sobre os corpos restaurados. Haverá saúde para todos, paz para os justos, harmonia entre as criaturas. As águas serão cristalinas, as almas serão transparentes. Não haverá doenças, porque não haverá desajustes morais. O mal terá sido vencido não apenas pela justiça, mas pela reintegração da criação com seu Criador.

Mas Haurvatat não é apenas promessa futura. Ela é presença possível, aqui e agora, nas frestas de luz que atravessam os momentos de consciência. Ela vive nos pequenos encontros, nas reconciliações inesperadas, nas manhãs em que a respiração parece dançar com a vida. Ela sorri quando alguém perdoa. Quando alguém volta para casa. Quando alguém escolhe cuidar do corpo como um ato de amor e não de vaidade.

Ela é também guia para quem está perdido. A alma despedaçada, o coração dilacerado, a mente confusa — todos têm nela um caminho de retorno. Não há ferida que não possa ser tocada por sua água. Não há solidão que não possa ser banhada por sua luz. Ela não promete apagar o passado, mas transformá-lo. Através dela, até a dor encontra lugar, até o erro pode virar sabedoria. Nada é excluído da plenitude — tudo é transfigurado nela.

Viver com Haurvatat é aprender a fluir. A não reter o que já passou, a não temer o que virá, a habitar o agora com presença total. É ser rio, e não represa. É ser corpo, mente e espírito em harmonia, mesmo em meio às dores. É aceitar que a vida não precisa ser perfeita para ser sagrada — basta ser inteira.

Essa inteireza que Haurvatat propõe não é rígida, tampouco inalcançável. Ao contrário, ela é flexível como a água que a representa: adapta-se, se molda, acolhe. Ela ensina que a integridade verdadeira não está em jamais se partir, mas em saber reunir novamente os pedaços com ternura e lucidez. Sob sua influência, até o caos encontra compasso. Cada gesto alinhado com o bem, cada palavra que cura em vez de ferir, cada silêncio que escuta antes de julgar é uma gota a mais nesse oceano de plenitude. A alma que busca Haurvatat não se isola do mundo, mas mergulha nele com entrega, reconciliando as partes com o todo.

É na convivência diária que a ação de Haurvatat se revela com mais intensidade: na maneira como cuidamos da própria saúde e da saúde do outro, no respeito pelo que nos sustenta, na responsabilidade com o que fluímos e absorvemos. Ela está nos relacionamentos que não se constroem sobre máscaras, mas sobre vínculos sinceros. Está no trabalho feito com propósito, no descanso honrado sem culpa, na escolha de viver com inteireza mesmo em um mundo que fragmenta. Sob sua luz, o existir deixa de ser uma sequência de sobrevivências e passa a ser uma experiência de presença. Ela recorda que a paz não é ausência de conflitos, mas comunhão profunda com aquilo que somos, apesar e por causa do que vivemos.

E quando essa comunhão é alcançada, ainda que por instantes, Haurvatat sorri — não como conquista distante, mas como lembrança íntima do que sempre esteve disponível. Pois a plenitude não se impõe, ela emerge. E quando emerge, não apenas cura, mas transforma: os olhos veem com mais nitidez, o coração pulsa com mais compaixão, e a vida, enfim, se revela como o que sempre foi — um dom sagrado a ser vivido com inteireza e amor.

Capítulo 15
Ameretat

No tecido invisível que une o divino ao mundo sensível, há um fio que não se rompe, mesmo diante do tempo, da morte e da dor. Esse fio tem nome e consciência: Ameretat — a Imortalidade. Ela é a emanação de Ahura Mazda que afirma, com serena firmeza, que o bem não se desfaz, que a vida não é vencida pela morte, e que aquilo que foi gerado em verdade permanece para além das ruínas do tempo. Se Haurvatat representa a plenitude do presente, Ameretat é a segurança do eterno.

Seu nome, vindo do avéstico, significa literalmente "não-morte". Mas essa definição, embora exata, é limitada. Ameretat não é apenas o fim da morte como evento biológico. Ela é a garantia de que a vida verdadeira — aquela que está alinhada com a ordem cósmica, com a justiça e com a luz — não pode ser apagada. Mesmo quando o corpo sucumbe, mesmo quando o tempo destrói as formas, a essência que vive em Asha permanece. Ameretat é essa permanência. Ela é o elo entre o efêmero e o eterno.

Na criação, Ameretat é a guardiã das plantas. Não por acaso. As plantas representam, no mundo visível, a força da vida que insiste, que se renova, que volta mesmo após ser ceifada. Elas nascem do escuro da terra, crescem em direção à luz, morrem em aparência, mas continuam em semente. São, portanto, símbolos vivos da imortalidade. Ao cuidar das plantas, o homem zoroastriano não apenas respeita a natureza — ele participa do ciclo da vida que se perpetua, cultiva a presença de Ameretat, honra a teimosa vitalidade do bem.

Ela é a força por trás do que insiste em existir com integridade. Está no broto que rompe o solo duro, na árvore que se inclina, mas não quebra, no campo que renasce após a seca. Está também na alma que, mesmo diante da dor, não desiste da verdade. Ameretat é o que resiste sem agressividade, o que perdura sem fazer ruído. Sua eternidade não é feita de grandiosidade, mas de fidelidade. Tudo o que se mantém fiel ao bem, ao longo do tempo, está sob sua proteção.

Mas ela também vela pelas almas. Depois da morte, quando o corpo retorna à terra, é Ameretat quem guarda a centelha da vida verdadeira. Aqueles que viveram em conformidade com Asha, que escolheram Vohu Manah, que agiram com Armaiti, são acolhidos por ela. Ela os conduz ao tempo da espera — o tempo entre a morte e a renovação do mundo. Nesse período, as almas não dormem, mas são mantidas em estado de vigília tranquila, protegidas da corrupção e do esquecimento. Ameretat é a lembrança viva de que a morte não é fim, mas transição.

Ela também é a promessa do futuro restaurado. No Frashokereti, quando Angra Mainyu for vencido e a criação purificada, todos os justos ressuscitarão. Seus corpos serão refeitos em perfeição, suas almas reintegradas à carne sem mancha, e viverão eternamente em harmonia com Ahura Mazda. Ameretat será então não apenas promessa, mas realidade manifesta. A morte não existirá mais. Não haverá decomposição, nem esquecimento, nem perda. A vida será inteira e permanente.

Essa visão, no entanto, não deve ser compreendida apenas como escatologia. Ameretat atua no presente. Ela é inspiração para todos que vivem com propósito duradouro. Aqueles que plantam árvores sabendo que não colherão seus frutos, que educam filhos com valores que talvez só frutifiquem após sua morte, que lutam por justiça mesmo sabendo que não verão a vitória — esses vivem com Ameretat. A imortalidade não é apenas não morrer — é viver de modo que a morte não possa apagar.

Ameretat também ensina o valor da paciência. Pois tudo o que é duradouro leva tempo para se formar. A planta não cresce em um dia. A sabedoria não brota sem maturação. O bem não se impõe — ele se consolida. Ela convida a alma humana a pensar em termos de eternidade, e não de urgência. A agir com responsabilidade pelas gerações futuras. A viver de maneira que sua vida seja semente, e não apenas fruto. Ela inspira o tipo de fé que constrói catedrais — aquela que começa uma obra sabendo que não a verá concluída, mas que a inicia mesmo assim.

No plano moral, viver com Ameretat é cultivar valores que resistem ao tempo. Honestidade que não muda com a moda. Fidelidade que não cede à conveniência. Justiça que não depende do aplauso. Respeito que não precisa ser retribuído para existir. A alma imortal é aquela que, mesmo atravessando os ciclos da existência, não se desvia da luz. E essa luz não se apaga, porque está enraizada no que não passa.

Ela também é consolo nos momentos de perda. Quando um ente querido parte, quando uma era se encerra, quando um sonho morre — Ameretat sussurra que nada se perde quando foi vivido com verdade. Que o amor sincero não morre. Que a amizade autêntica continua a viver, mesmo quando a presença física se extingue. Ela guarda os vínculos que nasceram em Asha. Ela preserva o que o tempo não pode destruir.

Na vida cotidiana, ela se manifesta nas pequenas escolhas de permanência: o cuidado com o jardim, o zelo pelo lar, o respeito pelas tradições que nutrem a alma, o silêncio diante da pressa que devora tudo. Viver com Ameretat é resistir ao efêmero. É não ceder à ansiedade. É saber que a eternidade não é feita de momentos intensos, mas de gestos simples repetidos com amor.

Essa eternidade que Ameretat encarna não é uma fuga do tempo, mas sua transfiguração. Ela nos ensina que o tempo não é inimigo da vida — é seu aliado, quando vivido com propósito. O que é feito em aliança com o bem se inscreve num tempo outro, mais profundo, onde as ações não desaparecem, mas se tornam sementes de mundos futuros. A fidelidade cotidiana, o amor silencioso, o cuidado sem testemunha — tudo isso é colhido por ela, guardado em sua memória sagrada, e devolvido um dia à criação renovada. Assim, viver com Ameretat é escrever com a própria vida um evangelho de permanência, onde cada escolha ética é um gesto de eternidade.

Ao fazer da vida uma oferenda ao que não passa, o ser humano se torna mais do que agente do presente: torna-se ponte entre gerações, canal de uma sabedoria que resiste ao esquecimento. Ameretat está viva na mãe que conta histórias antigas para manter vivas as raízes, no ancião que planta mesmo com mãos trêmulas, no jovem que escolhe a retidão num mundo de atalhos. Em todos esses, ela se manifesta como força tranquila que constrói sem pressa e que permanece mesmo quando as luzes do mundo se apagam. Sua presença é como o verde que insiste entre as pedras, como o perfume que resta na ausência — discreta, mas inegável.

E é por essa natureza serena e resiliente que Ameretat jamais precisa se afirmar: ela apenas é. Sua ação não clama por reconhecimento, mas por continuidade. Quem vive sob sua influência compreende que morrer não é ser esquecido, assim como viver não é apenas respirar. A verdadeira vida é aquela que se alinha àquilo que nunca se corrompe, que nunca se apaga. E, por isso, ao cultivar essa vida interior que permanece, o ser se torna parte do que não morre — e encontra em Ameretat não apenas uma promessa, mas uma morada.

Capítulo 16
Hierarquia Espiritual

No Zoroastrismo, o universo não é um aglomerado de existências independentes, nem um caos governado por vontades imprevisíveis. Ele é um organismo ordenado, uma estrutura espiritual viva em que cada entidade tem uma função específica e sagrada. A criação de Ahura Mazda não apenas produziu seres e elementos: ela definiu lugares, papéis, responsabilidades. Dentro dessa cosmovisão, emerge a hierarquia espiritual — uma rede sutil e organizada que sustenta a harmonia do cosmos e serve de ponte entre o humano e o divino.

No topo dessa hierarquia está Ahura Mazda, fonte de toda luz, sabedoria e verdade. Ele não é apenas o criador: é o princípio ativo de ordem, o coração silencioso que pulsa em tudo o que é justo. Tudo emana Dele, tudo retorna a Ele. Mas sua ação não é solitária. Ele se manifesta através de suas emanações conscientes, os Amesha Spentas, os Sete Imortais que já conhecemos como facetas vivas de sua essência. Cada um desses Imortais representa um princípio cósmico, ético e natural, atuando como força ordenadora em um aspecto específico da realidade.

Os Amesha Spentas, porém, não agem isoladamente. Eles operam em perfeita unidade, como diferentes órgãos de um mesmo corpo, como raios distintos de uma mesma luz. A estrutura que eles formam não é de comando e obediência no sentido hierárquico humano, mas de harmonia funcional. Vohu Manah, Asha Vahishta, Khshathra Vairya, Spenta Armaiti, Haurvatat, Ameretat e Spenta Mainyu formam a espinha dorsal do mundo espiritual. Juntos, eles mantêm a criação viva, justa e equilibrada. A ação combinada desses sete é o que impede que Angra Mainyu dissolva a ordem do universo.

Abaixo — ou mais precisamente, em ramificação com esses — estão os Yazatas, os espíritos dignos de adoração. Eles são numerosos, diversos e especializados. Não foram gerados diretamente como emanações da essência divina, mas criados por Ahura Mazda para proteger, preservar e cultivar aspectos específicos da criação. Sua natureza é benigna, e seu serviço é incessante. Cada Yazata possui um domínio particular: alguns regem forças da natureza, como a chuva, o vento ou o fogo; outros cuidam de aspectos morais, como a justiça, a escuta, a vigilância espiritual.

Os Yazatas formam a ampla rede de sustentação do cosmos visível e invisível. Eles operam em múltiplos níveis: guardam os elementos, conduzem as almas, vigiam os pensamentos, orientam os seres humanos. Não são adorados como deuses, mas reverenciados como servidores do bem. A liturgia zoroastriana os invoca com frequência, reconhecendo neles a presença ativa do sagrado em todos os âmbitos da vida. A sua ação é uma extensão da vontade de Ahura Mazda, refletindo a diversidade das formas sem romper a unidade do princípio.

Em termos de estrutura, a relação entre os Amesha Spentas e os Yazatas é de cooperação. Os primeiros representam as colunas da ordem universal. Os segundos, os construtores e zeladores dessa ordem nos seus detalhes mais íntimos. Por exemplo, Asha Vahishta representa a Verdade Suprema, mas é através de Yazatas como Sraosha, guardião da escuta e da vigilância, e Rashnu, o espírito da justiça que pesa os atos, que essa verdade é aplicada no mundo e na alma. Khshathra Vairya representa o domínio ideal, mas é com Mithra, o juiz dos pactos, que essa autoridade se manifesta de forma concreta.

Essa hierarquia espiritual não é rígida, mas funcional. Ela reflete a ideia de que o bem é uma rede, e não uma pirâmide. O mal, por sua natureza, tenta imitar essa estrutura com suas distorções. Os daevas — espíritos malignos criados ou influenciados por Angra Mainyu — também tentam se organizar, mas seu sistema é instável, pois carece da coesão que nasce da verdade. Eles competem entre si, alimentam o caos e buscam corromper a ordem estabelecida pelos Yazatas. Mas sua força é limitada e temporária. A hierarquia do bem, enraizada em Mazda, é eterna.

No plano humano, essa estrutura espiritual oferece um modelo. Assim como o cosmos é sustentado por uma rede de cooperação e especialização, assim também deve ser a sociedade justa. O Zoroastrismo não propõe uma teocracia autoritária, mas uma ordem inspirada nos valores dos Imortais e dos Yazatas. O líder político deve agir como Khshathra Vairya, com justiça e força servil ao bem. O educador deve espelhar Vohu Manah, orientando a mente com sabedoria. O juiz deve canalizar Asha Vahishta, pesando os atos com clareza. A mãe, o lavrador, o artesão, o sacerdote — todos têm um papel sagrado, e todos são partes do grande corpo da criação.

Essa hierarquia também serve de guia para o crescimento espiritual. O fiel zoroastriano é chamado a se alinhar com cada aspecto dessa rede. A oração, os rituais, os dias sagrados, os festivais — todos se orientam pela presença dos Imortais e dos Yazatas. Ao invocar cada um deles, o praticante busca não apenas proteção, mas alinhamento. Deseja ser, na medida humana, uma extensão viva da vontade de Mazda. O ideal espiritual é tornar-se um microcosmo da ordem cósmica.

Ao mesmo tempo, essa estrutura revela a pedagogia do Zoroastrismo: não se chega ao supremo de forma direta, mas por etapas. Primeiro, cultiva-se a mente boa (Vohu Manah), depois a retidão (Asha), a ação justa (Khshathra), a devoção amorosa (Armaiti), a saúde interior (Haurvatat), a confiança na imortalidade (Ameretat). Por fim, atinge-se a união com o Espírito Benevolente (Spenta Mainyu). Cada passo é assistido por Yazatas que guiam, protegem, corrigem e fortalecem. A hierarquia não é obstáculo, mas ponte.

E como toda verdadeira estrutura espiritual, essa rede é permeada por liberdade. O ser humano não está condenado a um papel fixo. Ele escolhe, diariamente, com quem deseja se alinhar. Pode servir ao bem ou colaborar com a mentira. Pode ser elo da ordem ou ruptura do real. A hierarquia espiritual zoroastriana não oprime — ela inspira. Mostra que há um lugar para cada coisa, que tudo pode contribuir com o todo, que o menor gesto, se realizado com pureza, reverbera na harmonia universal.

Essa liberdade consciente, ao mesmo tempo em que dignifica o ser humano, também o convoca à responsabilidade. Dentro da hierarquia espiritual, não há neutralidade: cada ação, pensamento e intenção ecoa no tecido cósmico. A ética zoroastriana se fundamenta justamente nesse entrelaçamento entre o livre-arbítrio e a ordem maior. Assim, o indivíduo se torna cocriador da realidade ao escolher, com lucidez e compromisso, alinhar-se às forças que preservam e cultivam a harmonia. Não é uma submissão cega, mas uma adesão esclarecida a uma verdade viva que se manifesta tanto no macrocosmo quanto no gesto cotidiano.

Nesse sentido, a espiritualidade proposta não se limita ao plano interior, nem ao rito desvinculado da prática. Ao contrário, ela convida à integração total entre o ser e o agir, entre o espírito e a matéria. A ordem cósmica não é apenas um modelo para ser admirado, mas um chamado para ser encarnado. Cada Yazata representa um aspecto concreto da vida, um campo de atuação onde o sagrado se infiltra e pode ser reconhecido. O mundo, então, deixa de ser um cenário passivo e torna-se um campo dinâmico de relações espirituais, onde a consciência desperta enxerga sentido, direção e propósito.

Assim, a hierarquia espiritual no Zoroastrismo não é uma cadeia de poder, mas uma sinfonia de funções sagradas. Não impõe limites, mas oferece caminhos. Ela articula o invisível com o visível, o eterno com o transitório, e convida o ser humano a ocupar seu lugar com dignidade e clareza. Mais do que explicar o cosmos, essa estrutura o sacraliza — e, ao fazer isso, aponta ao coração do homem o seu verdadeiro centro.

Capítulo 17
Os Yazatas

Na arquitetura espiritual do Zoroastrismo, entre os pilares sustentados pelos Amesha Spentas e os fluxos invisíveis da vontade de Ahura Mazda, habita um vasto e intrincado coro de entidades: os Yazatas. Diferentemente dos Imortais, que são emanações diretas da divindade suprema, os Yazatas foram criados com a missão clara e precisa de zelar por cada detalhe da criação, cada elemento da natureza, cada nuance da experiência humana e cósmica. Eles são os protetores da ordem manifestada em sua multiplicidade, e, embora sejam menos conhecidos do que os grandes espíritos da tradição, sua presença é sentida em quase todos os aspectos da vida zoroastriana.

A palavra "Yazata" significa literalmente "aquele que é digno de adoração". Mas essa adoração não se confunde com idolatria. Os Yazatas não são divindades independentes, nem intermediários rivais do poder divino. Eles são servidores do bem, colaboradores do sagrado, partes operantes da ordem universal. A adoração que recebem não é por superioridade, mas por reconhecimento: cada Yazata é uma ponte viva entre o mundo visível e o invisível, entre o gesto humano e a estrutura da realidade.

Sua origem remonta à própria criação do mundo, quando Ahura Mazda, ao moldar o cosmos em sete atos, também delegou responsabilidades. Cada Yazata nasceu com uma função. Sua missão não é genérica: é detalhada, específica, vinculada a fenômenos naturais e a valores espirituais. Alguns deles são responsáveis pela chuva, pela colheita, pela noite, pela verdade, pelo julgamento, pela escuta espiritual, pela fertilidade, pela guerra contra os demônios. Cada aspecto da realidade encontra, entre os Yazatas, uma consciência protetora.

O número exato de Yazatas é desconhecido. Algumas tradições mencionam trinta, outras ultrapassam esse número, sugerindo que sua multiplicidade acompanha a própria complexidade da vida. Eles aparecem nos textos litúrgicos do Avesta, nas preces diárias, nos festivais religiosos e nos rituais sazonais. Sua presença é constante, mesmo quando não nomeada. A própria linguagem do Zoroastrismo está impregnada deles: cada gesto ritual, cada elemento da natureza reverenciado, cada prece recitada toca um Yazata.

Entre os mais venerados está Mithra, espírito da luz solar e da justiça, o guardião dos pactos, o observador silencioso das promessas humanas. Há também Anahita, deusa das águas purificadoras e da fertilidade, cuja influência penetra não só os rios e lagos, mas também o ventre feminino e os fluxos sutis da emoção. Tishtrya, por sua vez, comanda as estrelas e as chuvas, lutando contra o demônio da seca. E Sraosha, que escuta as orações, vigia as almas e as conduz na travessia do mundo dos mortos.

Esses Yazatas não são figuras distantes. Eles se fazem presentes nos elementos que moldam o cotidiano: o sol que aquece, a água que purifica, o vento que limpa, a estrela que orienta, o sonho que revela, a palavra que salva. Ao contrário do que sugerem as religiões centralizadas em divindades abstratas e distantes, o Zoroastrismo oferece um panteão de proximidade: cada Yazata pode ser invocado, cada um responde a uma necessidade concreta e espiritual.

Eles também são guerreiros. A criação, constantemente ameaçada por Angra Mainyu e seus daevas, é defendida pela ação vigilante dos Yazatas. Alguns deles atuam no campo invisível, enfrentando as forças da corrupção diretamente. Outros protegem os humanos de tentações, alertam contra o erro, purificam ambientes espiritualmente contaminados. A luta entre a ordem e o caos, longe de ser apenas uma narrativa simbólica, é vivida por esses espíritos com seriedade absoluta. Cada vitória da luz sobre a sombra é, em parte, fruto do trabalho silencioso e incansável dos Yazatas.

O relacionamento entre os Yazatas e os humanos é baseado em reciprocidade. Eles protegem, inspiram, curam, orientam — e em troca, pedem apenas que sejam lembrados com reverência, que suas forças sejam honradas, que os elementos sob sua guarda sejam tratados com respeito. A poluição das águas é uma ofensa a Anahita. A quebra de um juramento mancha o campo de Mithra. O desrespeito à noite, ao sono, ao descanso, agride o domínio de um Yazata da escuridão sagrada. Honrá-los é viver em harmonia com o mundo.

Essa multiplicidade, longe de confundir, revela a beleza da unidade zoroastriana: Ahura Mazda é uno, mas sua luz se refrata em mil formas. Os Yazatas são essas formas, esses feixes distintos que iluminam partes diferentes da realidade. O fiel que compreende isso não se perde em adoração dispersa, mas se fortalece em conexão plural. Assim como o corpo humano tem diversos membros, e cada um cumpre uma função essencial, assim também o corpo espiritual do universo é feito dessas consciências específicas, todas indispensáveis.

Os festivais zoroastrianos refletem essa reverência. Cada mês é dedicado a um Yazata. Cada dia carrega a energia de uma dessas entidades. Os nomes dos dias, longe de serem meras convenções temporais, são invocações vivas. Ao despertar em um dia dedicado a Tishtrya, por exemplo, o fiel sabe que aquele momento carrega bênçãos para a agricultura, para a chuva, para os projetos que exigem fertilidade. O tempo, assim, torna-se sagrado não por abstração, mas por presença espiritual.

Os Yazatas também são figuras de transição. Eles ajudam o ser humano a passar de um estado para outro: da ignorância à sabedoria, da dor à cura, da ilusão à verdade, da vida à morte e da morte à vida eterna. Eles não apenas protegem, mas transformam. O contato com eles não é estático — é pedagógico. Cada invocação é também um aprendizado. O fiel se torna mais justo ao invocar Mithra, mais puro ao honrar Anahita, mais vigilante ao lembrar-se de Sraosha.

Vê-se, então, que os Yazatas são mais do que espíritos protetores. São instrutores espirituais, guardiões da ordem e instrumentos vivos da vontade de Ahura Mazda. Eles tornam o divino tangível, tornam a espiritualidade cotidiana, mostram que o sagrado está em tudo: no calor do sol, no fluxo da água, no som da palavra, na firmeza do solo, no movimento do vento. O universo é templo, e os Yazatas são os ministros invisíveis que o mantêm aceso.

Essa percepção dos Yazatas como ministros do templo cósmico amplia profundamente a espiritualidade zoroastriana, enraizando o sagrado na experiência direta e cotidiana. Não se trata de uma fé voltada apenas ao além ou ao invisível, mas de uma vivência concreta em que cada elemento do mundo se revela como oportunidade de conexão com o divino. Ao reconhecer a atuação dos Yazatas na ordem do tempo, no ciclo das estações, nos vínculos humanos e nos processos interiores, o fiel aprende a caminhar com reverência, percebendo que tudo ao seu redor está imbuído de propósito e presença. A espiritualidade, assim, se torna uma escuta constante — uma abertura ao ensinamento que cada aspecto da criação oferece, mediado por esses espíritos atentos.

Esse ensinamento não é neutro: ele conduz ao bem. Os Yazatas não apenas refletem a ordem; eles a sustentam contra as investidas do caos. Em cada um deles, a luz de Ahura Mazda atua como força de resistência e regeneração. Honrar os Yazatas não é apenas venerá-los, mas também escolher seus caminhos: o compromisso com a verdade, a preservação da natureza, a honestidade nos vínculos, a escuta interior, a coragem contra o mal. Cada Yazata é um farol aceso em meio às tentações de Angra Mainyu, lembrando o ser humano de que ele nunca está só — que a ordem cósmica está povoada de aliados, atentos e ativos, dispostos a guiar e a lutar junto ao bem.

Ao tornar visível essa rede de presenças, o Zoroastrismo oferece não apenas uma teologia, mas uma ética viva. Os Yazatas inspiram uma espiritualidade que se manifesta em gestos concretos e escolhas diárias. Eles ensinam que o sagrado não se afasta do mundo — ao contrário, o penetra por completo. E ao reconhecer isso, o fiel desperta para a própria vocação: ser, ele também, um elo consciente entre o céu e a terra, uma extensão viva da ordem que os Yazatas guardam e cultivam com incansável amor.

Capítulo 18
Mithra, o Juiz

No coração do panteão zoroastriano, onde a luz se derrama em figuras espirituais que representam as múltiplas facetas da verdade, encontra-se Mithra — o Yazata da aliança, do sol, da justiça e da observação silenciosa. Ele é mais do que um espírito da luz visível: é a consciência que nunca dorme, o juiz que pesa não os gestos públicos, mas os votos interiores, os pactos silenciosos, os compromissos feitos sem testemunhas. Em um universo onde a ordem depende da fidelidade, Mithra é o guardião da confiança.

Seu nome carrega o peso de milênios. Derivado da raiz indo-iraniana *mitra*, que significa "contrato", "acordo", ou "laço", Mithra é a presença invisível em todo ato de palavra empenhada. Ele é invocado não apenas em pactos religiosos ou sociais, mas em qualquer compromisso em que a verdade e a responsabilidade estejam envolvidas. Sua função, no entanto, não é apenas preservar a honestidade exterior: ele sonda as intenções. Avalia a integridade moral de quem promete. Não é o juramento que garante sua bênção — é a veracidade com que ele é feito.

No Zoroastrismo, a verdade não é apenas um valor — é um princípio ontológico. O universo foi criado com base em Asha, a verdade suprema, e é sustentado por ela. Portanto, mentir, trair, enganar, não são apenas falhas éticas — são atos que ferem a própria estrutura da realidade. Mithra, como guardião dessa estrutura, observa atentamente tudo o que pode comprometê-la. Ele é o juiz sem toga, o olho solar que tudo vê, e que não precisa ser chamado para agir: ele age, simplesmente porque a verdade é sua morada.

Mithra é também associado ao sol, não como astro apenas, mas como metáfora da luz que revela. O sol vê tudo. Não há canto de sombra que escape ao seu toque. Da mesma forma, não há pacto que escape ao olhar de Mithra. Ele não se deixa enganar por juramentos formais ou gestos ensaiados. Ele vê a intenção. Vê o pensamento anterior à palavra. Vê a ação que contradiz a promessa. Em sua luz, não há espaço para máscaras.

Esse papel de juiz espiritual atinge seu ápice na travessia da ponte Chinvat — o limiar entre o mundo dos vivos e o dos mortos. Ali, segundo os textos zoroastrianos, a alma de cada ser humano é julgada. E Mithra está presente nesse momento crucial, como um dos três juízes cósmicos, ao lado de Rashnu, o espírito que pesa os atos, e Sraosha, o espírito da escuta e da consciência. Mithra não apenas observa o que foi feito — ele recorda o que foi prometido, o que foi deixado de cumprir, o que foi rompido.

O julgamento de Mithra não é punitivo, mas revelador. Ele não condena: apenas expõe. A ponte Chinvat se estreita ou se alarga conforme a verdade da alma. Para aquele que viveu em fidelidade, a travessia é segura. Para o que mentiu, traiu e desonrou compromissos, a ponte se estreita até que não possa mais sustentar o peso da alma corrompida. E então, a queda é inevitável. Não como castigo, mas como consequência.

No mundo visível, a presença de Mithra é cultuada de forma intensa. Rituais específicos são dedicados a ele, especialmente em celebrações que envolvem alianças: casamentos, acordos comunitários, iniciações. Ele é invocado para proteger os laços legítimos, para afastar a falsidade, para abençoar os compromissos justos. Em alguns textos, é dito que o próprio céu vibra quando um juramento é feito em seu nome — e treme quando ele é violado.

Mithra também é uma figura que transcende o Zoroastrismo. Sua influência se espalhou por culturas vizinhas e foi absorvida por religiões posteriores, especialmente no mundo greco-romano, onde deu origem ao culto mitraico. Embora esse culto tenha desenvolvido características próprias, sua base remonta à mesma essência: o culto à verdade, ao sol, ao julgamento justo. A figura de Mithra tornou-se símbolo do guerreiro da luz, do mediador entre o céu e a terra, do redentor que confronta a escuridão.

Mas no Zoroastrismo original, ele permanece como Yazata — não um deus independente, mas um servo sagrado da ordem divina. Sua força não reside em armas, mas na clareza moral. Ele ensina que toda palavra importa. Que toda promessa é sagrada. Que toda relação humana, se construída sobre a mentira, será corroída desde dentro. E que o bem não pode florescer onde a verdade é relativizada.

Viver com Mithra é viver com transparência. É alinhar palavra e ação. É cumprir o que se promete, mesmo que em silêncio. É respeitar os vínculos, os acordos, os limites. É entender que a espiritualidade não se mede por rituais elaborados, mas por fidelidade cotidiana. É perceber que cada manhã, ao surgir a luz do sol, é uma lembrança da luz que julga — e que salva.

Nos dias dedicados a Mithra, os fiéis são convidados à reflexão moral. Revisam suas alianças, suas palavras empenhadas, seus compromissos com os outros e com si mesmos. Buscam reparar o que foi quebrado. Buscam a reconciliação com a verdade. Esses dias não são apenas datas rituais — são oportunidades de recomeço. Pois Mithra também é misericordioso. Ele julga com rigor, mas protege com lealdade os que tentam viver com integridade.

Ele é o espírito que sustenta a confiança. E sem confiança, nenhuma sociedade se ergue. Nenhuma comunidade floresce. Nenhum amor perdura. Nenhuma fé se sustenta. Por isso, seu papel é tão crucial: ele é a base invisível da convivência justa. É ele quem mantém o elo entre o que foi dito e o que será feito. Entre o humano e o divino. Entre o hoje e o eterno.

Mithra, portanto, encarna a ponte ética entre o sagrado e o cotidiano, onde cada gesto de integridade reforça a própria estrutura do cosmos. Sua vigilância não impõe medo, mas responsabilidade lúcida. Ele não exige adoração temerosa, mas compromisso profundo com a autenticidade. Sob seu olhar solar, as máscaras caem, e o valor de cada alma se revela na coerência entre aquilo que se promete e aquilo que se realiza. É nesse espaço íntimo — onde intenção e ação se encontram — que Mithra constrói sua morada e fortalece a confiança como fundamento da vida justa.

Essa confiança, no entanto, não é estática. Ela se renova, se testa, se reconstrói no entrelaçamento da vida humana com os ritmos da existência. Mithra é o espírito que acompanha cada decisão silenciosa, cada escolha feita à margem dos aplausos, cada verdade sustentada mesmo sob pressão. Ele inspira uma espiritualidade madura, feita não de milagres visíveis, mas de pequenas fidelidades cotidianas. Por isso, seu papel ultrapassa os ritos e se instala como exigência de coerência: ele convida o fiel a transformar a palavra empenhada em caminho, e o compromisso em presença luminosa no mundo.

Seguir Mithra é aceitar que o julgamento verdadeiro não se dá no fim da vida, mas em cada instante em que se opta entre o falso e o autêntico. É viver sob uma luz que não cega, mas revela. É reconhecer que o pacto mais sagrado é aquele que se renova diariamente com a verdade. E nesse pacto, Mithra permanece — silencioso, firme, guardião da aliança invisível entre a alma e a ordem eterna.

Capítulo 19
Anahita, a Senhora das Águas

Entre os Yazatas mais reverenciados e reconhecidos no Zoroastrismo, uma figura se ergue com graça e força, carregando nas mãos o poder da vida, da fertilidade e da purificação: Anahita, a Senhora das Águas. Ela é uma das entidades femininas mais imponentes da espiritualidade iraniana, tão antiga quanto venerável, uma presença que atravessa as margens entre o visível e o invisível, entre o mito e o rito. Sua água não é apenas líquida — é espiritual, é essencial. É o fluxo da bênção, o rio que atravessa mundos, a fonte da regeneração.

O nome "Anahita" pode ser entendido como "a Imaculada", "a Pura", "a Não-Manchada". Esse título revela de imediato sua natureza sagrada e sua ligação com a pureza absoluta. Em seu domínio estão as águas correntes — rios, lagos, nascentes, chuvas — mas também a umidade vital que sustenta os corpos, as sementes e as ideias. Anahita não é uma deusa da água como força física apenas: ela é o espírito da fertilidade universal, a matriz da renovação, a amante da verdade que flui.

Ela é tanto mãe quanto guerreira. É acolhedora como a chuva que irriga a terra sedenta, e impetuosa como as corredeiras que varrem a mentira. É através de suas águas que a terra se abre ao fruto, que o ventre concebe, que a alma se purifica. Toda gota que limpa, que cura, que fecunda, que consagra, traz em si a lembrança de Anahita. E todo ritual que busca restaurar o equilíbrio da alma ou da natureza a invoca, mesmo que em silêncio.

Os antigos templos dedicados a ela — alguns ainda reconhecíveis em vestígios arqueológicos — revelam sua centralidade na religiosidade persa. Neles, as fontes de água eram preservadas como santuários vivos. As sacerdotisas e sacerdotes cuidavam dos rituais de purificação, das oferendas de flores, dos cantos dedicados à senhora celeste. Não se oferecia sangue ou sacrifício animal a Anahita. Sua linguagem era a da beleza, da água límpida, do gesto cuidadoso. Ela era honrada com limpeza, com ornamentação, com louvor em forma de poesia.

Sua iconografia, em certos momentos, cruzou a linha entre o Zoroastrismo estrito e influências externas. Foi retratada como mulher de longos cabelos, coroada, com vestes douradas e cálice em mãos — imagem que ecoaria em divindades posteriores de outros panteões. Mas, para os zoroastrianos, essa imagem não é um ídolo, mas um símbolo: representa a beleza da fertilidade, a abundância da água, a soberania da mulher que é fonte, que é guardiã da vida e da integridade.

Anahita rege os mistérios da criação feminina. Seu domínio toca o corpo da mulher em sua plenitude: a menstruação, a gestação, o parto — todos considerados, sob sua luz, processos sagrados. Ela protege as mães e as crianças, vela pelos nascimentos, acompanha os ciclos da mulher como uma presença silenciosa e eterna. Nenhum aspecto do feminino, por mais oculto ou rejeitado pelas normas sociais, escapa de sua proteção. A mulher, em sua totalidade, é uma extensão viva do seu espírito.

Mas sua ação não se restringe ao feminino. Ela é também a força que restaura a dignidade dos que foram manchados, dos que se afastaram do bem, dos que se perderam. Através de suas águas, o arrependido pode se reencontrar. O ritual de purificação, realizado com águas correntes, é mais do que simbólico: é a prática visível de um retorno ao eixo espiritual. Lavar-se em nome de Anahita é declarar-se pronto para recomeçar. Não há impureza que resista à sua correnteza.

No ciclo das estações, Anahita se manifesta nos tempos de abundância hídrica. Suas festas eram tradicionalmente celebradas durante o verão, quando a água se torna mais preciosa. Os rituais envolviam banhos comunitários, bênçãos com água perfumada, oferendas de flores flutuantes. Ainda hoje, entre os zoroastrianos contemporâneos, especialmente entre os parsis, sua lembrança é preservada com orações e gestos simbólicos de gratidão à água como dádiva divina.

Ela também atua como mediadora entre o humano e o celeste. A água que ela governa é a ponte entre os mundos. Ao cair do céu, torna-se resposta divina à súplica; ao emergir da terra, revela que o sagrado também brota de dentro. A água de Anahita é circular: sobe, desce, se infiltra, evapora, retorna. É um lembrete de que a espiritualidade é dinâmica, que a vida verdadeira não pode ser estagnada. Tudo deve fluir, inclusive a alma.

Ela é associada não apenas ao elemento água, mas ao próprio princípio da integridade. Sua pureza não é isolamento, mas transparência. Ela ensina que viver com verdade é ser como a água clara: visível, honesta, disponível. A mentira, a dissimulação, a duplicidade — essas são impurezas que turvam o espírito. Sob seu olhar, não há fingimento que perdure. A alma que deseja comungar com ela deve tornar-se límpida.

Anahita também representa um modelo de autoridade espiritual feminina. Em um mundo frequentemente marcado por estruturas masculinas de poder, ela se impõe como figura plena, independente, ativa. Sua força não deriva do confronto, mas da fertilidade, da capacidade de gerar, de nutrir, de transformar. Ela mostra que a força feminina é cósmica, não secundária. E que onde houver respeito à vida, cuidado com a água, reverência pelo ciclo, ali sua presença será sentida.

A sua imagem atravessou os séculos. Ainda que seu culto tenha sofrido transformações com o tempo e as influências culturais, sua essência permanece. Na água que corre e purifica. No ventre que gera e guarda. Na lágrima que limpa a dor. No banho que renova o corpo e a alma. Na promessa silenciosa de que tudo pode ser restaurado, desde que haja verdade.

Na presença de Anahita, a espiritualidade assume um contorno suave e profundo, onde o sagrado se infiltra silenciosamente nos gestos simples e vitais. Sua força não grita, mas inunda; não impõe, mas penetra. Ao invocá-la, não se pede apenas bênçãos materiais — pede-se lucidez para reconhecer a beleza na vulnerabilidade, para aceitar os ciclos com humildade, para permitir que a alma seja tocada, lavada, aberta. A água, sob sua regência, é mestra do desapego: ensina a seguir, a ceder, a transformar dor em movimento. E com isso, Anahita não apenas guia — ela cura.

Seu poder restaurador revela-se não apenas nas águas que correm fora, mas nas águas internas, que clamam por fluidez emocional e clareza espiritual. Ela está na reconciliação dos afetos, na purificação dos ressentimentos, no renascimento da esperança. Seu culto, mais do que uma prática externa, é um mergulho interior — um chamado a remover os sedimentos que nos afastam da essência. Como Senhora das Águas, Anahita recorda que a integridade é um fluxo constante: requer vigilância, entrega, sinceridade. Ser íntegro é, como a água, encontrar o próprio caminho mesmo entre obstáculos, sem jamais perder a transparência.

Assim, Anahita permanece como símbolo vivo da sacralidade que habita o ordinário. Ela convida à reverência por aquilo que sustenta a vida em todos os planos — o corpo, a terra, o espírito. Sua lição é clara: onde houver pureza, haverá força; onde houver cuidado, florescerá poder; onde houver verdade, tudo poderá renascer. E assim como suas águas não cessam de correr, também sua presença continuará fluindo, entre rituais e silêncios, conduzindo aqueles que buscam a regeneração pelo caminho da beleza, da delicadeza e da fidelidade ao que é essencial.

Capítulo 20
Tishtrya, o Estelar

Na abóbada celeste que cobre a criação, onde as estrelas cintilam como olhos eternos do sagrado, há uma entidade que vigia a terra com olhar firme e coração justo: Tishtrya. Ele é o Yazata das estrelas e das chuvas, guardião da fertilidade agrícola e inimigo implacável da seca. Em sua essência, Tishtrya é o espírito da abundância restauradora. Ele não apenas governa os céus — ele intervém nos ciclos da terra, entrelaçando o alto e o baixo com sua presença luminosa e ativa.

Seu nome ressoa com o brilho de Sirius, a estrela mais brilhante do céu noturno, cuja ascensão marcava tempos de mudança e esperança nas tradições agrárias do Irã antigo. Tishtrya não é apenas um corpo celeste — é a consciência espiritual que habita essa estrela, um emissário da ordem cósmica que responde aos clamores da terra ressequida. Em tempos de estiagem, é a ele que se dirige o clamor do fiel; é a sua força que convoca as nuvens, que abre os céus, que faz o ciclo da vida girar novamente.

Ele não age sozinho. A tradição zoroastriana descreve seu combate ritual contra *Apaosha*, o espírito da seca, que tenta impedir a chegada das chuvas e, com isso, comprometer a continuidade da vida. Essa batalha, travada não apenas nas alturas, mas nos campos e nas consciências, é uma das representações mais claras do conflito cósmico entre ordem e caos. Cada vez que a chuva chega após longos dias de céu limpo e solo árido, é a vitória de Tishtrya que se manifesta. E cada vez que a seca insiste, é Apaosha tentando impedir o fluxo da bênção.

Esse combate não é apenas simbólico. É espiritual, é ético, é existencial. Pois assim como o corpo da terra pode secar, também o coração humano pode tornar-se estéril. A ausência de Tishtrya não significa apenas a falta de chuva, mas também o endurecimento da alma, a ausência de compaixão, a perda da confiança na renovação. Ele representa, portanto, a esperança ativa — não aquela que aguarda, mas aquela que clama, que invoca, que age com fé no retorno do bem.

Nos rituais, Tishtrya é invocado em momentos de necessidade climática, especialmente em períodos de estiagem. As comunidades zoroastrianas, antigas e contemporâneas, erguiam orações específicas, cânticos e oferendas para reativar sua presença nos céus. As preces, entoadas com voz uníssona, buscavam restabelecer o elo entre a terra e os céus, relembrando a Tishtrya a aliança sagrada entre o espírito celeste e os guardiões da criação.

No mundo moral, Tishtrya simboliza a fidelidade à vida. Ele é o espírito que garante que a aridez nunca será permanente, desde que haja esforço para manter o equilíbrio. Ele inspira a persistência do agricultor, a paciência do pastor, a resistência dos povos diante das adversidades climáticas e espirituais. Viver sob sua luz é crer que, mesmo após longos períodos de escassez, a abundância pode retornar. Mas esse retorno exige vigilância, ritual, ação consciente. Não é automático — é fruto de aliança contínua com a ordem cósmica.

A figura de Tishtrya também carrega um arquétipo do guerreiro da luz. Sua batalha contra Apaosha é travada todos os anos, todos os dias, em todas as partes do mundo. Não se trata de um único evento mítico, mas de um ciclo perpétuo de luta e vitória. Cada gota de chuva que cai onde havia desespero é uma prova de que ele ainda cavalga nos céus, de que sua presença ainda responde à justiça. Ele é, portanto, mais do que uma força natural — é um princípio espiritual: o bem que luta contra o empobrecimento da existência.

A sua relação com as estrelas não é acidental. As estrelas, para o Zoroastrismo, são moradas dos justos, pontos de luz no céu que refletem a integridade das almas e a vigilância dos espíritos. Tishtrya, como estrela-guia, é também farol para os viajantes, para os que atravessam desertos interiores ou exteriores. Sua luz orienta. Seu brilho consola. Sua presença no céu noturno é como um lembrete contínuo de que, mesmo no escuro, há ordem. Mesmo no silêncio, há música. Mesmo na aridez, há promessa de chuva.

Os textos sagrados que o mencionam — especialmente o Yasht 8, um dos mais belos hinos do Avesta — descrevem sua forma como gloriosa, luminosa, com armas espirituais que perfuram a escuridão e purificam os céus. Ele surge em três formas:

como um cavalo branco brilhante nas águas, como um jovem radiante e como um touro resplandecente. Cada uma dessas formas revela um aspecto de sua missão: velocidade, pureza, fertilidade. Ele não é limitado a uma aparência — adapta-se ao que a terra necessita, ao que o espírito humano busca.

Para os zoroastrianos contemporâneos, Tishtrya continua sendo símbolo de renovação e superação. Suas preces são recitadas em tempos de desafio climático e pessoal. Seu nome é invocado em bênçãos agrícolas, em casamentos que desejam fertilidade, em iniciações que clamam por claridade no caminho. Sua energia, apesar de antiga, não se tornou abstrata. Pelo contrário, ela pulsa a cada vez que uma semente rompe a terra, que a chuva banha a pele, que uma alma decide seguir adiante apesar da aridez ao redor.

Tishtrya permanece, assim, como um lembrete celeste de que toda escassez carrega em si a semente da abundância. Seu culto, além do pedido de chuva, é também uma convocação à fé ativa — uma espiritualidade que se recusa a sucumbir ao desânimo e que reconhece, no ato de invocar o bem, uma forma de resistir ao colapso. Ele ensina que a renovação não é dádiva aleatória dos céus, mas fruto da aliança contínua entre o humano que espera e o divino que responde. O céu, sob sua luz, torna-se campo de escuta; a terra, território de confiança; e a alma, abrigo de esperança em movimento.

A presença de Tishtrya entrelaça o visível e o invisível com uma delicadeza ardente. Cada vez que a chuva cai sobre uma terra rachada, cada vez que a estrela surge no firmamento depois de um período de trevas, é como se ele dissesse que o caos nunca terá a última palavra. Ele não traz apenas água: traz memória e promessa. A memória de um tempo em que o bem regia os ciclos, e a promessa de que esse tempo pode voltar, desde que haja alinhamento com a ordem sagrada. Seu brilho no céu noturno é a assinatura cósmica da perseverança, uma voz luminosa que ecoa silenciosamente: "Ainda é possível florescer."

Viver sob a influência de Tishtrya é aprender a reconhecer os ciclos, respeitar os tempos da terra e da alma, e agir mesmo quando o horizonte parece estéril. Ele é o cavaleiro das nuvens, o portador de chuvas visíveis e bênçãos invisíveis, aquele que ensina que, diante da secura, não se deve apenas esperar — deve-se clamar, cultivar e crer. Porque, assim como a estrela ressurge no céu e a chuva volta a cair, também o coração humano, quando fiel ao bem, reencontra sua própria fertilidade.

Capítulo 21
Sraosha, o Guardião da Consciência

No limiar entre o som e o silêncio, entre a vigília e o sono, entre o visível e o invisível, move-se Sraosha — o espírito da escuta, da obediência espiritual, da vigilância da alma. Entre os Yazatas, sua função é singular e essencial: ele é o guardião da consciência humana, aquele que sussurra as verdades divinas no interior da mente, que vigia os pensamentos mais secretos, que acompanha o ser humano desde o nascimento até além da morte. Em um mundo onde a ordem pode ser ameaçada não apenas por atos, mas por distrações morais, Sraosha é o alarme sagrado, a lembrança viva da retidão.

Seu nome, "Sraosha", pode ser compreendido como "a escuta", mas não se trata apenas de ouvir sons. É escutar com a alma, com o espírito, com o discernimento desperto. Ele é o espírito que permite ao ser humano perceber a voz do bem em meio ao ruído do mundo, distinguir o verdadeiro do ilusório, reconhecer o chamado do sagrado mesmo quando ele se apresenta em forma de silêncio. Escutar, na perspectiva zoroastriana, é um ato ativo. Não é passividade: é prontidão. E Sraosha é essa prontidão divina personificada.

Ele é descrito nos textos sagrados como um guerreiro da luz, armado com palavras justas, envolto em claridade, sempre em movimento. Ele não repousa. Não dorme. Não se ausenta. Está sempre vigilante. Sua presença é especialmente sentida nas horas noturnas, quando o mundo se recolhe, mas os pensamentos continuam a trabalhar. O momento da noite, no Zoroastrismo, é espiritualmente perigoso: os daevas espreitam os que dormem com a mente desatenta. É então que Sraosha vigia, vela pelas casas, guarda os sonhos, protege as consciências.

Mas sua ação não é apenas defensiva. Ele também instrui. Ele revela. É dito que os ensinamentos de Zaratustra chegaram ao mundo em parte graças à ação de Sraosha, que facilitou a escuta profunda, que preparou o terreno interno para o contato com a verdade. Ele é, portanto, o espírito da revelação contínua, não aquela que vem de fora, mas a que brota de dentro. Ele convida o homem a ouvir não o mundo, mas o que o mundo esconde. Não o ruído, mas a música por trás do ruído.

Na travessia da alma após a morte, Sraosha tem papel decisivo. Ele acompanha a alma pelos três primeiros dias e noites, protegendo-a dos espíritos malignos que tentam desviá-la, confundi-la, aprisioná-la. Ele é a presença segura no desconhecido. É com ele que a alma se move até a ponte Chinvat, onde será julgada. Nesse percurso, sua voz ressoa como guia, como consolo, como claridade. A alma que escutou sua consciência em vida reconhece sua voz após a morte. E é guiada com confiança.

A iconografia espiritual de Sraosha mostra-o como um ser de beleza incomum, vestes brancas, olhos atentos, firme como a verdade que representa. Sua arma é a palavra. Seu escudo, a escuta. Ele não destrói com violência, mas com revelação. Ele não vence com força, mas com presença. Sua mera proximidade já transforma o espaço: onde ele entra, a mentira vacila, o ódio se cala, o ego se silencia. Ele é, por isso, tão temido pelos daevas quanto amado pelos justos.

Sua ligação com a palavra é profunda. No Zoroastrismo, a palavra tem poder criador. Cada oração pronunciada com sinceridade é uma arma contra o mal, um instrumento de alinhamento com o cosmos. Sraosha é o espírito que garante que essa palavra não se perca. Ele conduz as preces até o plano divino, purifica os sons, traduz o murmúrio do coração em linguagem compreensível pelos imortais. Sem ele, as palavras seriam ruído. Com ele, tornam-se pontes.

Nos rituais, sua invocação é constante. Ele é homenageado nas horas da noite, nos momentos de decisão, nos votos de silêncio, nas cerimônias de iniciação e de despedida. Sua função como protetor das almas também o aproxima dos ritos funerários, nos quais sua presença é invocada para que a passagem do espírito ocorra com segurança e clareza. Ele é o primeiro a ser chamado quando se deseja discernimento. E o último a partir quando a alma se encontra consigo mesma.

No mundo contemporâneo, Sraosha continua sendo uma referência profunda. Em um tempo saturado de sons, de distrações, de vozes que clamam por atenção, sua figura convida ao recolhimento, à escuta interior, à vigilância do espírito. Ele lembra que a verdadeira espiritualidade não está apenas nos atos visíveis, mas no que se ouve em silêncio. No que se percebe quando tudo o mais se cala.

Ele ensina que a consciência é viva. Que a ética não é um código externo, mas uma voz interna. Que a vida espiritual começa quando se escuta mais do que se fala, quando se observa mais do que se julga. Ele é a ponte entre o saber e o ser. Entre o ouvir e o agir. E cada vez que uma alma decide não ceder à raiva, ao engano, à vaidade — cada vez que escolhe, mesmo em silêncio, o caminho mais justo — Sraosha está ali. Invisível. Presente. Vigilante.

Ao contrário do que muitos poderiam imaginar, a presença de Sraosha não está restrita às esferas místicas ou aos momentos cerimoniais. Ele se infiltra nos gestos cotidianos, nas pequenas decisões silenciosas, nos dilemas morais que surgem sem anúncio. Sua atuação se revela quando alguém opta por escutar um pensamento incômodo em vez de silenciá-lo com distrações; quando uma verdade difícil é acolhida em vez de rejeitada. Essa escuta interior, cultivada com disciplina e sensibilidade, é um campo onde Sraosha semeia discernimento e colhe clareza. Em um mundo onde se fala para dominar, sua presença resgata a escuta como um ato de liberdade e coragem.

Por isso, sua vigília não deve ser entendida como um controle, mas como um amparo. Ele não impõe; ele sustenta. Ele não dita caminhos; ele os ilumina por dentro. A consciência, esse território íntimo e intransferível, encontra nele um aliado silencioso, porém inabalável. No ruído de nossos conflitos internos, sua voz é quase sempre discreta — mas é justamente sua delicadeza que a torna inconfundível. Quando nos afastamos do tumulto e nos aproximamos do que pulsa com autenticidade, é Sraosha quem nos acompanha, oferecendo não respostas prontas, mas a possibilidade de formular as perguntas certas.

E assim, ele continua seu ofício sem alarde, sustentando a chama que arde no âmago de cada ser que busca a verdade. Entre sombras e luzes, entre erros e aprendizados, ele permanece atento, não como juiz, mas como presença. Na escuta verdadeira que atravessa as palavras, na escolha ética feita mesmo sem plateia, na paz que brota do silêncio vivido com inteireza — é ali que Sraosha revela seu rosto. Não como um fim, mas como um caminho que sempre convida a continuar.

Capítulo 22
Rashnu, o Pesador

Quando a alma deixa o corpo e se aproxima da ponte Chinvat, onde a travessia definitiva separa os justos dos ímpios, é Rashnu quem se posiciona no centro do juízo. Seu papel é austero, preciso, implacável. Ele é o espírito da justiça absoluta, aquele que pesa os atos da vida humana em sua balança espiritual. E sua balança não conhece favoritismo, não responde a súplicas, não se inclina por emoção: ela responde apenas à verdade.

No Zoroastrismo, o julgamento da alma não é uma ficção moral ou uma metáfora psicológica — é uma realidade espiritual. Cada pensamento, palavra e ação deixa uma marca no tecido invisível do ser. A alma, ao deixar o corpo, carrega consigo essas marcas, que não podem ser ocultadas. Rashnu, o Pesador, não cria essas marcas, apenas as revela. Ele é o reflexo da vida vivida, a objetividade sem mancha, o olho que vê o real sem véus.

O nome Rashnu significa, em sua essência, "o Justo", "o que é reto". E a retidão aqui não é apenas formal. É uma coerência interna entre o que se pensa, o que se diz e o que se faz. Sua função no tribunal das almas é equilibrar as duas partes da balança: de um lado, os atos do bem; do outro, os atos do mal. Mas não se trata de uma contabilidade fria. O que pesa não é apenas o número, mas a intenção, a profundidade, o impacto. Um ato de bondade sincero, realizado em um momento de grande tentação, pode pesar mais que dezenas de gestos corretos feitos por conveniência.

Ainda assim, Rashnu não é juiz solitário. Atua junto a Mithra, o guardião dos pactos, e Sraosha, o espírito da consciência desperta. Enquanto Sraosha protege a alma dos enganos e Mithra observa os compromissos quebrados, Rashnu calcula. Seu julgamento é como um espelho: não condena, apenas revela. E a alma, ao se ver refletida nesse espelho, compreende com clareza se é digna de atravessar ou se cairá.

A balança de Rashnu é símbolo central na espiritualidade zoroastriana. É, ao mesmo tempo, objeto ritual, arquétipo ético e instrumento cósmico. No plano litúrgico, ela aparece nas representações simbólicas do julgamento. No plano ético, é o critério de conduta. O fiel vive com a consciência de que será pesado. E não há peso que se oculte. Nada escapa ao seu olhar: nem as intenções disfarçadas, nem os atos ocultos, nem os silêncios culpados.

A justiça de Rashnu é absoluta, mas não é punitiva. Ele não condena por prazer. Não se alegra com a queda do ímpio, nem se comove com o lamento do arrependido. Ele apenas age. Sua neutralidade é sua força. Sua imparcialidade, sua glória. Para os justos, sua presença é libertadora. Para os que viveram com duplicidade, é temida. Ele é a fronteira entre a ilusão e a consequência. Entre o discurso e a essência.

Nos rituais zoroastrianos, Rashnu é lembrado em momentos de reflexão moral. Sua imagem evoca seriedade, sobriedade, responsabilidade. Ele é invocado antes de decisões importantes, em cerimônias de reconciliação, em preces por justiça em tempos de injustiça social. Sua presença inspira a retidão como estilo de vida. Ele ensina que a justiça não é vingança, nem mero equilíbrio externo — é ordem no interior do ser.

No corpo espiritual do universo, Rashnu atua como o peso que impede o colapso da criação. O bem deve ter peso real. A justiça não pode ser um ideal vago — precisa ser mensurável. Cada vez que um ser humano age com verdade, sua ação não se perde. Ela cai na balança. E seu peso contribui para manter a ponte Chinvat possível. A cada mentira, a cada traição, a cada ato de crueldade, a balança se inclina, e a ponte se afina.

Mas Rashnu também guarda uma lição de misericórdia. Porque sua justiça não é automática. Ele reconhece a mudança. O arrependimento verdadeiro tem peso. A retificação de um erro vale mais do que o erro mantido. O que ele exige é sinceridade. O que ele avalia é a direção do coração. E mesmo que alguém tenha se desviado, se seus últimos passos foram firmes no caminho da verdade, ele poderá ser sustentado.

A balança, nesse sentido, é também convite. Ela não serve apenas para pesar os mortos — serve para orientar os vivos. Cada fiel que lembra de Rashnu em suas escolhas, pesa suas palavras antes de falar, mede suas ações antes de agir. Vive com equilíbrio. E esse equilíbrio não é passividade: é força. É o centro firme no meio das pressões do mundo.

Na tradição zoroastriana, os que vivem sob o olhar de Rashnu são os mais livres. Pois sabem que a verdade, ao final, prevalece. Que a justiça não dorme. Que tudo será revelado. E que a vida correta não precisa de testemunhas — apenas de integridade.

Viver sob a presença constante de Rashnu é caminhar com o senso agudo de consequência, não por medo da punição, mas pela íntima compreensão de que cada gesto molda o destino. Ele não oferece atalhos, não aceita máscaras nem se curva à autopiedade. Em tempos em que a verdade é frequentemente distorcida para servir a interesses, sua figura se ergue como símbolo de lucidez e firmeza. Rashnu recorda que a vida é um campo de escolhas, e que, mesmo em meio às incertezas do mundo, há uma ordem invisível que observa, registra e, um dia, revela com precisão o que cada ser foi em essência.

Essa clareza espiritual, no entanto, não anula a compaixão. A justiça que Rashnu representa não é a negação da esperança, mas sua condição mais verdadeira. Ele não fecha caminhos; antes, mostra quais estão realmente abertos. A balança que carrega, com sua capacidade de perceber o valor do arrependimento, dignifica o esforço humano em reverter o mal, em buscar o bem mesmo após o erro. Isso faz de Rashnu um guardião não apenas do julgamento, mas da evolução. Ele pesa não apenas onde alguém esteve, mas para onde está se movendo — e esse movimento interior é o que pode redimir até as histórias mais fragmentadas.

A presença de Rashnu, portanto, não é um fardo, mas uma lembrança constante da liberdade que habita na verdade. Sob seu olhar, cada vida é medida com justiça, mas também com uma exatidão que reconhece a complexidade de ser humano. No fim, sua balança não condena, apenas reflete. E refletir-se nela é, talvez, a experiência mais profunda de autoconhecimento: o momento em que a alma, nua de ilusões, encontra a própria medida — e com ela, a possibilidade real de atravessar a ponte.

Capítulo 23
Atar, o Espírito do Fogo

Entre todos os elementos reverenciados no Zoroastrismo, o fogo é, sem dúvida, o mais visível, o mais simbólico e o mais sagrado. Mas o fogo não é apenas um fenômeno físico — ele é, antes de tudo, uma presença espiritual. Essa presença tem nome e consciência: Atar, o espírito sagrado do fogo, centelha viva da verdade, testemunha luminosa do pacto entre o humano e o divino. Ele é a chama que não apenas queima, mas que revela. A luz que não apenas ilumina, mas que purifica.

Atar não é um deus do fogo, como concebido em outros panteões. Ele é um Yazata, um espírito criado por Ahura Mazda para servir como um dos mais diretos intermediários entre o plano humano e o espiritual. Sua chama representa a verdade em sua forma mais pura, pois o fogo consome a impureza, repele a mentira, revela o que está oculto. É por isso que o fogo zoroastriano nunca é deixado apagar: ele não é um simples símbolo — é uma manifestação concreta da presença sagrada.

Nos templos do Zoroastrismo, o fogo ocupa o centro. Ele arde em altares elevados, em câmaras sagradas onde apenas os iniciados podem adentrar, onde a chama é mantida viva com dedicação, cuidado e reverência. Mas esse fogo não é combustível apenas — é energia espiritual. Ele está presente em cada oração, em cada oferenda, em cada purificação. Toda cerimônia significativa do Zoroastrismo acontece diante do fogo. A chama é testemunha. Ela vê, ela ouve, ela lembra.

O nome "Atar" também carrega, em seu núcleo, a ideia de essência. Ele é mais do que fogo físico: é o fogo interior, o fogo da mente desperta, da consciência limpa, da palavra verdadeira. Quando um fiel fala a verdade, é dito que Atar se acende em sua voz. Quando alguém age com retidão, Atar brilha em seus gestos. Quando se combate a escuridão interior, Atar consome os resíduos da mentira. Ele é, portanto, um espírito tanto externo quanto interno — chama e chama interior.

Nas tradições mais antigas, Atar é descrito como um jovem guerreiro resplandecente, portador de claridade, combatente da falsidade. Ele é o inimigo direto de Angra Mainyu e de seus servos, pois a mentira não pode se sustentar diante da luz. Ele age em silêncio, como toda verdade profunda. Sua presença é sentida, mais do que vista. Mas quando se manifesta, tudo se transforma: o falso é revelado, o impuro é queimado, o verdadeiro é enaltecido.

O fogo é também ponte entre os mundos. Em rituais funerários, o fogo de Atar é mantido aceso para guiar a alma na escuridão da travessia. Ele ilumina o caminho até a ponte Chinvat. Ele purifica os pensamentos, queima os resíduos emocionais, dissipa os medos. A alma que viveu com verdade não teme Atar — ela o reconhece como aliado. Mas a alma que mentiu, que traiu, que corrompeu sua própria centelha, essa teme sua presença, pois sabe que não poderá mais se esconder.

Atar também está presente nos quatro elementos fundamentais da vida: é o calor do sol, a combustão da madeira, a energia dos corpos, a centelha nos olhos do justo. Ele vive nos lares, nos templos, nas palavras sagradas. Sua manutenção é um dos atos mais nobres do sacerdócio zoroastriano. Cuidar do fogo é cuidar da verdade. Alimentá-lo é reforçar a ordem. E sua extinção, voluntária ou por negligência, é considerada um sinal de desordem espiritual.

Entre os lares zoroastrianos, é costume manter uma pequena chama ou lâmpada acesa durante momentos importantes — nascimento, casamento, orações, celebrações sazonais. Esse fogo doméstico é uma extensão do fogo do templo. Não é necessário ser sacerdote para honrar Atar. Cada fiel pode ser guardião da chama, desde que o faça com reverência, com pureza, com verdade. Pois Atar não habita onde há falsidade. Sua presença exige integridade.

Ele também é o espírito da justiça aplicada. Em julgamentos, disputas, decisões éticas, Atar é invocado como luz da clareza. Ele não decide, mas ilumina. Ele não interfere, mas revela. Diante de sua chama, os enganos se dissipam. Não é por acaso que se diz que todo juramento verdadeiro deve ser feito diante do fogo. Pois ele escuta. Ele grava. Ele responde.

E há, ainda, o fogo interior — o fogo que cada ser humano carrega no âmago de sua consciência. Atar arde dentro dos justos. É ele quem aquece o coração do fiel, quem ilumina o discernimento, quem consome as sombras interiores. Cultivar essa chama interna é parte essencial da jornada espiritual. Sem ela, não há retidão que resista. Sem ela, a escuridão se alastra. Mas com ela, até a menor verdade se torna luz suficiente para guiar a alma em meio ao caos.

A presença de Atar, assim, transcende o espaço ritualístico e toca as camadas mais profundas do ser. Ele não é apenas invocado — é cultivado. Em cada gesto ético, em cada palavra dita com sinceridade, em cada pensamento que busca a verdade em vez da conveniência, a centelha de Atar se fortalece. O fogo, longe de ser um símbolo estático, torna-se movimento interior, transformação constante. Ele incendeia o que é ilusório e aquece o que é íntegro, lembrando que o processo de purificação é contínuo e exige vigilância constante. O espírito do fogo não apenas ilumina o mundo — ele o exige desperto.

Aqueles que trilham o caminho da retidão reconhecem que carregar Atar no coração é aceitar a presença da verdade como companheira intransigente. Não há espaço para meias-palavras, nem para intenções ambíguas. A chama interior clama por autenticidade. No cotidiano, isso se reflete nas escolhas silenciosas, nos enfrentamentos éticos invisíveis, nos momentos em que a consciência se impõe ao desejo. E quando o mundo se torna opaco, Atar se apresenta como aquele que clareia a visão — não oferecendo respostas prontas, mas tornando impossível a permanência na mentira. Ele revela a paisagem moral em toda sua nitidez, sem adornos ou sombras, e essa clareza, embora por vezes dolorosa, é também libertadora.

Ao fim, Atar permanece como vigia e companheiro. Não exige sacrifícios grandiosos, mas constância. Não demanda temor, mas sinceridade. É a presença viva que transforma lares em santuários, palavras em compromissos e vidas em testemunhos. Carregar sua chama é aceitar que a verdade arde, mas não consome — ela forja. E que o fogo que guia é o mesmo que purifica, que acolhe, que lembra: onde houver luz verdadeira, ali estará Atar, firme, silencioso, ardendo com a intensidade serena de tudo aquilo que é essencial.

Capítulo 24
Haoma, a Planta Divina

No coração ritual do Zoroastrismo, onde a matéria encontra o espírito e a oferenda se transforma em elo entre o humano e o divino, há uma planta sagrada que não apenas é consumida, mas reverenciada: Haoma. Ela não é apenas vegetal — é espírito. Não é apenas bebida — é presença. Haoma é tanto uma planta quanto uma divindade, tanto um corpo quanto um ser. E sua seiva não alimenta apenas o corpo: ela fortalece a alma, purifica o coração, ilumina o pensamento.

Na tradição zoroastriana, Haoma ocupa um lugar central nos rituais do Yasna, onde é preparada, consagrada e ingerida como parte da comunhão com o sagrado. Sua preparação não é simples: envolve moer os ramos verdes, misturar com água pura, e recitar orações específicas durante o processo. Não se trata de uma poção qualquer. É uma bebida vivificada, uma essência vegetal tornada veículo espiritual. Ao ser consumida, não apenas alimenta — transforma.

Mas Haoma não é apenas uma planta no sentido botânico. Ele é um espírito vivente, uma entidade consciente criada por Ahura Mazda para oferecer vigor, longevidade e iluminação espiritual. Ele é o espírito da vida vegetal em sua forma mais pura, o princípio do crescimento, da renovação e da fortaleza interior. Em algumas tradições, Haoma é descrito como um sacerdote celeste, como um homem de luz, cujas palavras curam, cujos olhos veem a verdade, cujo corpo é remédio.

A etimologia do nome "Haoma" sugere movimento, extração, transformação. Ele é, por isso, o espírito da alquimia espiritual: aquilo que é retirado da terra, preparado com consciência e ofertado ao sagrado se torna caminho para o divino. Sua seiva é símbolo de vitalidade inquebrantável. Não há ritual de poder em que ele esteja ausente. Sua presença é convite à integridade, à coragem, à renovação.

O Haoma mais reverenciado é o dourado, descrito como uma planta luminosa, de aura viva, cujos efeitos não se restringem ao corpo físico. Segundo os hinos do Avesta, os heróis do passado — incluindo o próprio Zaratustra — beberam do Haoma e, com isso, receberam força espiritual, visão clara, proteção contra o mal. Ele não é droga. Não é fuga. É despertar. É presença intensificada.

No plano litúrgico, Haoma é preparado com extrema reverência. Os sacerdotes que o manipulam devem estar em estado de pureza, com pensamentos retos e intenções limpas. Durante o Yasna, a bebida é ofertada em cânticos, em diálogos com os espíritos da criação, como se o próprio Haoma estivesse presente, ouvindo, respondendo, fortalecendo. Sua ingestão é limitada a momentos específicos, porque não se trata de um consumo utilitário, mas de um ato de comunhão.

Haoma também é símbolo da longevidade espiritual. Em seus hinos, ele é louvado como "o que afasta a morte", "o que cura os enfermos", "o que fortalece os justos". Ele não promete imortalidade física — promete vitalidade espiritual que não se corrompe. Ao bebê-lo com consciência, o fiel não apenas é fortalecido: é alinhado com a verdade. É como se a seiva da planta percorresse os canais da alma, dissolvendo mentiras, curando feridas, reacendendo a centelha interior.

Ele também é protetor das mães e das crianças. A tradição o associa à fertilidade, à gestação, ao parto seguro. Oferecer Haoma às mulheres grávidas era gesto de bênção, de conexão com a vida em formação. Sua energia é tanto masculina quanto feminina. Ele fertiliza, mas também acolhe. Ele dá força, mas também cura. Ele não é polarizado — é total. Reflete o próprio ciclo da natureza, onde nascer e morrer são partes de uma mesma dança.

Na mitologia zoroastriana, Haoma é também combatente do mal. Sua luz afugenta os daevas, sua seiva purifica os espaços espiritualmente corrompidos. Em batalhas espirituais, sua presença é invocada como escudo. Não por força bruta, mas por pureza intensa. O mal, para o Zoroastrismo, não suporta a presença do que é essencialmente puro. E Haoma é a pureza líquida, o espírito vegetal incorruptível.

Nas representações simbólicas, Haoma aparece às vezes como uma árvore luminosa, outras vezes como uma figura radiante com um cálice nas mãos. Essas imagens, longe de serem idolatria, são manifestações pedagógicas de sua função: lembrar que a vida está na terra, mas sua origem é celeste. Lembrar que o corpo é templo, e que cada alimento, se consagrado, pode ser sacramento. Lembrar que até o que cresce em silêncio carrega em si a força de uma divindade.

No mundo contemporâneo, embora a planta específica original de Haoma não seja identificada com certeza — com hipóteses variando entre ephedra, ruda e outras —, seu espírito permanece ativo. Os rituais com Haoma continuam entre os parsis e outros zoroastrianos. Sua ingestão simbólica, sua memória litúrgica, seu cântico sagrado ainda ecoam. Ele é um dos últimos laços vivos entre o corpo e a espiritualidade mais concreta. Uma divindade que se deixa tocar, preparar, partilhar.

Haoma é, assim, mais do que planta. É caminho. É espelho da condição espiritual da humanidade. Ele ensina que, mesmo vindo da terra, é possível tornar-se veículo da luz. Que, mesmo em corpo vegetal, é possível conter sabedoria. Que, mesmo sendo colhido, preparado e consumido, sua essência permanece viva — pois não é o corpo da planta que é sagrado, mas sua consciência.

A presença de Haoma na tradição zoroastriana revela um ensinamento profundo sobre a interconexão entre a natureza e o espírito, entre o gesto ritual e a transformação interior. Ao beber Haoma, não se ingere apenas uma substância — realiza-se um pacto silencioso de renovação e escuta. Ele lembra que a vida é uma corrente que flui entre planos, e que até aquilo que brota da terra carrega uma origem luminosa. Em sua simplicidade vegetal reside uma potência espiritual que atravessa os tempos, os corpos e os mundos, oferecendo ao fiel não um milagre instantâneo, mas a possibilidade de transmutar a existência pelo alinhamento com a verdade.

Haoma ensina que há sabedoria no ritmo lento do crescimento, na escuta atenta do que floresce sem alarde. Ele convida a uma espiritualidade encarnada, que não nega o corpo nem a matéria, mas os transforma em canais do sagrado. Seu preparo cuidadoso, suas orações específicas, sua ingestão ritualizada — tudo isso aponta para uma relação diferente com o mundo: uma relação de reverência, de presença, de escuta. Ele é a lembrança de que aquilo que alimenta o corpo pode também alimentar a alma, se for colhido com respeito, consagrado com intenção e recebido com gratidão. E que essa união entre o vegetal e o espiritual não é exceção — é modelo.

Ao final, Haoma permanece como um elo vivo entre o visível e o invisível, entre a seiva e a consciência. Seu mistério não está em ser totalmente compreendido, mas em ser vivenciado com inteireza. Ele guarda, em cada gota, a possibilidade da reconexão: com a terra, com a luz, consigo mesmo. Como espírito, ele continua a circular onde há busca sincera por clareza e vitalidade. E em cada fiel que se abre para essa comunhão — seja num templo, num cântico ou no silêncio interior — Haoma renasce. Não como planta, mas como presença viva daquilo que é puro, essencial e incorruptível.

Capítulo 25
Fravashis, os Protetores

No Zoroastrismo, onde cada força do universo é dotada de consciência, e cada elemento do mundo participa de uma ordem moral e espiritual, existem entidades que ultrapassam as fronteiras entre os mundos visível e invisível. Elas não nascem, propriamente, nem morrem. Estão entre o eterno e o transitório, entre o individual e o coletivo. São os Fravashis — os protetores invisíveis, as essências imortais que acompanham, inspiram e defendem os seres humanos, os elementos da natureza e até os heróis do passado. Eles não são apenas espíritos ancestrais — são os reflexos mais puros do ser.

O termo "Fravashi" carrega uma complexidade que não pode ser reduzida a uma única definição. Em sua origem, a palavra aponta para o "eu superior", a "essência eterna", a parte do ser que está em conexão direta com a ordem cósmica. Cada pessoa possui seu Fravashi — uma forma ideal e imortal, que precede o nascimento e sobrevive à morte, observando e acompanhando a jornada terrena da alma. Essa essência não é uma cópia, mas uma matriz espiritual, uma centelha do projeto divino que cada ser humano carrega dentro de si.

Os Fravashis não estão restritos aos vivos. Eles também incluem os ancestrais — aqueles que viveram em justiça, em retidão, em fidelidade à luz. Os heróis que defenderam a verdade, os sábios que ensinaram a sabedoria, os pais e mães que viveram com dignidade — todos continuam a viver através de seus Fravashis. Esses espíritos, embora não sejam adoração central no culto zoroastriano, são constantemente invocados e honrados. Não como deuses, mas como guardiões, como companheiros de jornada.

Há ainda Fravashis que não se vinculam a humanos. Existem Fravashis de montanhas, rios, árvores antigas, animais protetores. A criação inteira, em sua forma mais essencial, possui esse duplo espiritual que a ancora na ordem. Quando se ora pedindo proteção à natureza, está-se, muitas vezes, pedindo que os Fravashis das montanhas e das águas intervenham. Que cuidem, que inspirem, que restabeleçam o equilíbrio.

Durante os festivais do Farvardigan — os dias dedicados aos mortos e aos ancestrais — os Fravashis recebem oferendas simbólicas: fogo, água, flores e alimentos simples. Acredita-se que eles visitam os vivos nesse período, que caminham entre as casas, que escutam as orações, que recolhem as saudades, que restauram a esperança. É um tempo de comunhão entre mundos. Não há medo da morte entre os zoroastrianos que conhecem os Fravashis — pois eles sabem que a morte é apenas uma transição, e que o elo com os seus nunca se rompe de verdade.

A função principal dos Fravashis é a proteção. Eles protegem contra os assaltos do mal, contra os enganos espirituais, contra a fraqueza moral. Estão sempre presentes nos momentos de dúvida, nos conflitos interiores, nas escolhas difíceis. Não falam em voz audível — mas sua presença é sentida como um sopro de clareza, como uma lembrança silenciosa de quem se é. Muitos relatos antigos falam de pessoas salvas por um impulso repentino, por uma intuição inexplicável — e essas são compreendidas como manifestações dos Fravashis, agindo em silêncio para preservar o caminho justo.

Há também a dimensão de que os Fravashis inspiram. Eles não são apenas escudos — são faróis. Iluminam o caminho que a alma deve trilhar para alinhar-se com sua forma mais elevada. Aquilo que uma pessoa poderia ser, em seu estado mais pleno de retidão e consciência, já existe como Fravashi. E a vida é o esforço contínuo de tornar-se digno dessa essência. É por isso que o mal não pode tocar o Fravashi de ninguém — ele é inviolável. E mesmo que a alma erre, desvie-se, corrompa-se, o Fravashi permanece intacto, esperando, inspirando, guiando.

O Zoroastrismo ensina que, ao morrer, a alma encontra novamente seu Fravashi. E esse reencontro é decisivo. A alma, ao olhar para sua própria essência, compreende tudo o que foi, tudo o que poderia ter sido, e tudo o que ainda pode ser. Se viveu em consonância com essa centelha superior, é acolhida. Se não, é convidada à reparação. Mas o julgamento não é castigo — é revelação. E o Fravashi é testemunha e luz.

Nos textos sagrados, os Fravashis são descritos como seres de luz, firmes como rochas, puros como o fogo de Atar, silenciosos como Sraosha, imortais como Ameretat. São forças que não se impõem, mas que sustentam. Quando uma alma sucumbe ao desespero e encontra forças para levantar-se, é o Fravashi que a ergue. Quando uma decisão difícil é tomada com coragem e clareza, é o Fravashi que inspirou. Eles não agem no lugar da alma, mas mostram o caminho. São a lembrança viva do que é possível quando se escolhe o bem.

Na vida cotidiana, lembrar-se dos Fravashis é manter uma conexão constante com o ideal. É viver como quem tem um espelho espiritual a lhe observar. Não por medo, mas por respeito. Por amor. Porque sabe-se que há algo mais, algo maior, algo eterno nos observando — não para julgar, mas para guiar. E esse algo não está fora, mas dentro. É parte do próprio ser.

Honrar os Fravashis é honrar a linhagem da luz. É reconhecer que não se caminha sozinho. Que há uma cadeia de sabedoria e justiça que nos precede, que nos envolve, que nos impulsiona. E que, um dia, também nós seremos Fravashis para os que virão. Que nossas escolhas de hoje ecoarão na consciência dos descendentes. Que nossa luz, se cultivada, servirá de farol para outras almas em outras eras.

A consciência de viver sob o olhar silencioso dos Fravashis transforma cada gesto em semente e cada escolha em herança. Eles não impõem, mas sustentam; não interferem, mas apontam — com uma delicadeza firme que se faz presente quando tudo parece ruir. Há, nesse vínculo, uma pedagogia espiritual: os Fravashis não apenas protegem, mas ensinam. Ensinam a ser íntegro mesmo no anonimato, a agir com retidão mesmo sem garantias, a lembrar que cada passo pode ser luz para alguém que ainda virá. Na tessitura invisível da existência, são eles que mantêm a trama coesa, ligando passado, presente e futuro por um fio de ouro que jamais se parte.

Mais do que um culto aos ancestrais, a relação com os Fravashis é um reconhecimento da eternidade que habita o instante. Quando se age com coragem, quando se escolhe o bem apesar do custo, quando se insiste na verdade em meio ao ruído — é o Fravashi que se torna ativo, vibrante, espelhando no interior do ser a imagem da alma em sua plenitude. Eles não são apenas projeções do ideal humano; são a memória viva da origem divina de cada um. E é por isso que, mesmo nos momentos mais escuros, mesmo quando tudo parece perdido, há sempre uma centelha que insiste em arder. Essa centelha é a promessa do Fravashi: de que ainda há caminho, de que ainda há sentido, de que ainda há luz.

Viver à altura do próprio Fravashi é o desafio silencioso que permeia a jornada terrena. E ao compreendê-lo, o fiel não caminha mais sozinho, mas em aliança com algo que o transcende. Não se trata de perfeição, mas de direção. De um compromisso sutil e constante com a melhor versão de si mesmo — aquela que já existe, que já observa, que já espera. E quando, um dia, a alma enfim se reencontrar com essa presença que sempre esteve ali, reconhecerá não apenas quem foi, mas quem jamais deixou de ser. Pois os Fravashis não são fantasmas do passado, mas sementes do eterno em cada um de nós.

Capítulo 26
Dualidade nos Seres Espirituais

Na intricada tapeçaria espiritual do Zoroastrismo, onde cada entidade carrega um propósito e uma identidade bem definida, emerge uma camada mais sutil e, por vezes, desconcertante: a presença da dualidade em certos seres espirituais. Embora a cosmovisão zoroastriana estabeleça um nítido contraste entre as forças do bem, comandadas por Ahura Mazda, e as do mal, originadas de Angra Mainyu, há entidades cuja natureza parece oscilar, refletir ambiguidades ou até mesmo espelhar, de forma invertida, um correspondente antagônico. Este capítulo mergulha nessas figuras que habitam os limiares — nem inteiramente luz, nem puramente sombra.

A essência do Zoroastrismo é a oposição moral clara: Spenta Mainyu, o Espírito Benevolente, e Angra Mainyu, o Espírito Destrutivo, representam duas realidades que coexistem, mas jamais se fundem. No entanto, entre os Yazatas e outros seres espirituais, essa clareza absoluta às vezes é envolta por camadas de tensão. Algumas entidades, embora fundamentalmente benevolentes, manifestam aspectos ou atributos que podem se assemelhar a forças opostas. Outras são duplos especulares, cujas funções se tornam mais compreensíveis quando examinadas à luz de seu oposto.

Há, por exemplo, Yazatas que apresentam comportamentos ou domínios que requerem uma vigilância interpretativa. Mithra, o guardião dos pactos, cuja função é zelar pela justiça e pela observância da verdade, é também um espírito que vigia incessantemente, que exige fidelidade sem falhas, que pune os que quebram alianças. Seu brilho pode ser tão implacável quanto o do próprio sol, e em sua figura vê-se o perigo da luz que queima quando mal utilizada. A justiça sem compaixão, a verdade sem medida, podem tornar-se sombras — e é aí que a dualidade se insinua como advertência.

Sraosha, o espírito da escuta e da obediência, é outro exemplo de ambiguidade percebida. Seu poder é silencioso, noturno, íntimo. Ele vigia os pensamentos, acompanha os mortos, protege os vivos durante o sono. Mas esse contato com o mundo dos mortos, com as sombras interiores da mente humana, confere a ele uma proximidade com o limiar entre luz e escuridão. É exatamente essa travessia constante que o torna forte. Sraosha não teme a escuridão — ele a ilumina por dentro. Mas sua natureza lembra que a vigilância espiritual não é feita apenas à luz do dia, e que até mesmo a pureza deve conhecer as trevas para poder vencê-las.

Além desses aspectos dúbios dentro dos próprios Yazatas, o Zoroastrismo também reconhece a existência de equivalentes malignos, os chamados *daevas* ou *drujas*. Esses espíritos da mentira, da confusão, do caos e da morte muitas vezes representam a inversão direta de uma entidade do bem. Assim como existe Asha Vahishta, a Verdade Suprema, há *Druj*, o espírito da mentira, que seduz com aparências de verdade e corrompe a ordem. Como uma sombra que imita a forma da luz, Druj é o reflexo distorcido de Asha.

Essa estrutura especular revela uma realidade espiritual complexa: o mal, no Zoroastrismo, não cria — ele corrompe. Angra Mainyu não possui o poder criador de Ahura Mazda. Suas forças se manifestam através da distorção do que já existe. É por isso que muitos daevas parecem imitações grotescas de Yazatas. Sua força está na mentira, na aparência, no engano. Não possuem essência verdadeira — apenas parasitam a energia desviada da ordem original.

Há ainda entidades que possuem nomes ou funções semelhantes, mas cuja interpretação varia de acordo com o contexto. Um exemplo são os Fravashis. Embora essencialmente protetores e associados à luz, existem registros em que sua energia, quando negligenciada ou esquecida, torna-se inconstante, perturbadora. Isso não significa que os Fravashis se tornem maus, mas sim que, como forças espirituais conscientes, exigem reconhecimento e alinhamento. A não-invocação adequada, a falta de honra, pode gerar descompasso — e nesse descompasso, nasce o desequilíbrio que se assemelha ao mal.

Essa ideia da dualidade como um convite à responsabilidade é central. O bem não é estático, nem automático. Ele precisa ser cultivado, invocado, mantido. A ausência de manutenção espiritual abre espaço para a infiltração do desequilíbrio. Assim, o mal não é uma força autônoma e criadora — ele é consequência de escolhas, de esquecimentos, de desvios. Mesmo entidades essencialmente boas, se mal compreendidas ou mal relacionadas, podem tornar-se fontes de temor ou confusão.

A dualidade, portanto, não é relativismo. O Zoroastrismo não dissolve a fronteira entre bem e mal — ao contrário, a acentua. Mas reconhece que o mal não surge como um ser separado: ele se infiltra como corrupção, como distorção, como sombra projetada por uma luz mal direcionada. A espiritualidade zoroastriana, nesse ponto, é profundamente ética: a ordem do mundo depende da escolha moral constante, da vigilância ativa, do alinhamento consciente com a verdade.

Essa vigilância é expressa também nos rituais. Toda cerimônia zoroastriana carrega fórmulas específicas para afastar os daevas, para purificar os espaços, para manter o foco no bem. Não é superstição — é responsabilidade. A consciência de que o mal atua nas falhas, nas negligências, nas zonas cinzentas da alma. Onde não há presença clara da luz, a sombra se instala. E por isso, todo Yazata, mesmo o mais bondoso, exige atenção, invocação, conexão.

A dualidade nos seres espirituais revela, portanto, que o mundo não é feito de figuras absolutas e imutáveis. É feito de relações. É na forma como o ser humano se relaciona com essas forças que sua natureza se revela. Um mesmo espírito pode proteger ou perturbar, dependendo do alinhamento interior de quem o invoca. A luz que guia pode cegar. A água que cura pode afogar. O fogo que purifica pode consumir.

Essa compreensão relacional da espiritualidade zoroastriana desloca o foco da ontologia das entidades para a ética do contato. Os seres espirituais, ainda que tenham naturezas intrínsecas, manifestam-se com maior ou menor intensidade conforme a disposição interior e a postura moral do indivíduo que os invoca ou os ignora. A espiritualidade deixa de ser apenas um sistema de crenças para tornar-se um campo de interação viva, onde a responsabilidade humana é permanente e intransferível. Dessa forma, a dualidade não reside propriamente nas entidades, mas nos canais pelos quais elas se expressam — e esses canais são sempre humanos, sensíveis à intenção, ao zelo e à verdade.

Isso significa que o mal, por mais ameaçador que seja, é sempre dependente do enfraquecimento do bem. O desequilíbrio surge não como um ataque frontal, mas como um esvaziamento silencioso, como uma rachadura pela qual a mentira se insinua. No Zoroastrismo, a batalha espiritual não se vence apenas com fé, mas com constância, com vigilância sutil, com o compromisso contínuo de sustentar o bem mesmo nos gestos mais simples. Entidades ambíguas, como Sraosha ou Mithra, não são paradoxos, mas lembretes de que a complexidade espiritual exige maturidade. Elas refletem o próprio desafio humano de sustentar a luz em um mundo onde tudo pode ser invertido, onde o justo pode se tornar tirânico se perder o senso da medida.

Nesse cenário, a dualidade se revela como uma lente ética, não como uma contradição teológica. Ela educa o olhar, alerta o espírito, exige discernimento. Ensina que o poder espiritual não é neutro: ele responde ao modo como é acionado. Por isso, compreender a natureza dúbia de certos seres não enfraquece a clareza moral do Zoroastrismo — ao contrário, a fortalece, ao demonstrar que a luta entre bem e mal passa inevitavelmente pelo campo da consciência. E é nessa consciência desperta, capaz de invocar com pureza e resistir com firmeza, que repousa a verdadeira vitória do espírito.

Capítulo 27
Rituais de Invocação

Na espiritualidade zoroastriana, a relação com os seres espirituais — Ahura Mazda, os Amesha Spentas, os Yazatas, os Fravashis — não é apenas contemplativa. Ela é ativa, viva, profundamente ritualística. O Zoroastrismo não vê o divino como uma entidade distante, a ser apenas compreendida ou adorada em pensamento, mas como uma presença real, convocável, que pode e deve ser invocada para alinhar a alma humana com a ordem cósmica. E é nos rituais de invocação que essa conexão se torna tangível, quando a palavra se torna ponte e o gesto, veículo da luz.

Os rituais zoroastrianos não são meras repetições. Eles são recriações do cosmos em miniatura. Cada detalhe, cada fórmula, cada instrumento tem um papel preciso. A invocação das entidades espirituais não é feita de maneira genérica ou simbólica: cada ser é chamado com nomes específicos, atributos detalhados, saudado conforme sua função, envolvido na rede de relações que liga o invisível ao visível. O ritual é uma linguagem sagrada, cuidadosamente preservada, que transforma o tempo ordinário em tempo sagrado.

A base fundamental desses rituais é a palavra pronunciada com verdade. A oração zoroastriana não é improvisada — é cantada, entoada, vibrada. Os textos do Avesta, como o Yasna, o Visperad e os Yashts, são recitados com entonações específicas, com a alma concentrada, com o corpo purificado. O som da voz, o ritmo da respiração, a cadência dos hinos — tudo isso participa da invocação. A palavra é semente espiritual: ao ser lançada no ar, germina no plano invisível. E o ser invocado responde.

Há rituais específicos para cada categoria de espírito. Os Amesha Spentas são invocados em celebrações maiores, especialmente nos sete dias do Farvardigan e durante o Yasna, onde cada um é chamado conforme sua qualidade: Vohu Manah, a Boa Mente; Asha Vahishta, a Verdade Suprema; Khshathra Vairya, o Domínio Ideal; Spenta Armaiti, a Devoção Amorosa; Haurvatat, a Plenitude; Ameretat, a Imortalidade. Cada um desses recebe oferendas simbólicas: fogo, água, alimentos, flores — não como presentes, mas como reconhecimento de suas esferas de atuação.

Os Yazatas, por sua vez, são invocados conforme suas especialidades. Tishtrya, por exemplo, é chamado em tempos de seca, com cânticos que narram sua batalha contra o demônio da esterilidade. Anahita é louvada com preces que envolvem a água, a fertilidade e a limpeza espiritual. Mithra é invocado para proteger os pactos, as promessas, os acordos. Haoma é preparado e consagrado como presença líquida do sagrado vegetal. Cada Yazata possui fórmulas próprias, nomes múltiplos, epítetos sagrados. E o fiel que os invoca, deve conhecê-los, respeitá-los, chamá-los com reverência.

A purificação é etapa essencial. Antes de qualquer invocação, há rituais de limpeza do corpo e do espaço: banhos rituais, vestimentas brancas, a preparação do fogo sagrado, o uso de ferramentas como o baresman — conjunto de ramos vegetais que representa a conexão com a natureza e os espíritos. O ambiente deve estar livre de impurezas físicas e espirituais. Pois a presença dos Yazatas não pode ser misturada com a corrupção. Eles vêm quando há verdade — e se ausentam quando há mentira.

O fogo, representado por Atar, é central em quase todos os rituais de invocação. Ele é tanto oferenda quanto testemunha. A chama viva, que jamais deve apagar-se durante o ritual, é mantida acesa como sinal da luz eterna de Ahura Mazda. Ela recebe as palavras, as conduz, as purifica. A fumaça que sobe é o canal entre mundos. A luz que se mantém acesa é o sinal de que a verdade permanece viva. O fogo não é objeto de adoração, mas é o altar vivo onde o invisível se torna presença.

Nos rituais maiores, como o Yasna, os sacerdotes — *mobeds* — desempenham papéis específicos. Um recita, outro responde, outro prepara o Haoma, outro cuida do fogo. A cerimônia pode durar horas. Cada gesto é medida, cada silêncio é parte da fala. Não há pressa — há sacralidade. O tempo do ritual é o tempo do eterno, em que cada segundo é preenchido de sentido. Ali, Ahura Mazda e seus servidores espirituais são chamados não como mitos, mas como presenças.

Há também rituais domésticos, conduzidos pelos fiéis em seus lares. O altar doméstico zoroastriano pode ser simples, mas deve conter o essencial: uma chama viva, um recipiente com água pura, flores frescas, oferendas mínimas de alimento. As orações são recitadas em avéstico ou em traduções consagradas. A invocação não requer intermediário quando feita com verdade. O fiel pode, com pureza e reverência, chamar os Yazatas e os Fravashis — e eles virão.

As orações são variadas. Algumas são cânticos longos, como o Gathas, atribuídos ao próprio Zaratustra, compostos em linguagem poética e filosófica. Outras são fórmulas breves, como o Ashem Vohu e o Yatha Ahu Vairyo, que condensam em poucas palavras toda a teologia zoroastriana. Esses versos são repetidos ao longo do dia: ao despertar, ao acender o fogo, antes das refeições, ao dormir. Cada repetição é um lembrete: o sagrado não é evento — é estado contínuo.

Invocar os seres espirituais não é pedir favores. É alinhar-se. É declarar, com palavras e gestos, que se deseja estar do lado da ordem, da verdade, da luz. O Zoroastrismo não oferece promessas fáceis. Os Yazatas não atendem caprichos. Mas respondem com fidelidade à fidelidade. Sua presença fortalece, purifica, orienta. E o ritual é a linguagem dessa aliança. Um diálogo sem disfarces, uma oração que é mais do que palavra — é escolha.

Esses rituais, longe de serem ornamentos religiosos, são âncoras espirituais. Eles mantêm viva a chama da aliança entre o humano e o divino. São práticas que moldam a consciência, que purificam o pensamento, que conduzem a alma de volta ao seu centro. E cada vez que um fiel se ajoelha diante do fogo, recita os nomes sagrados, oferece uma flor, um cântico, um silêncio cheio de verdade — a ordem do mundo se reafirma.

Essa reafirmação da ordem, no entanto, não é um ato mecânico ou automático. Ela exige do praticante presença total — mental, emocional, corporal. A invocação, no Zoroastrismo, não funciona como um botão mágico, mas como uma via de consagração interior. Ao pronunciar os nomes sagrados, ao realizar os gestos com intenção, o fiel não apenas chama os seres espirituais: ele se transforma, ele se alinha. A ritualística zoroastriana, por isso, é menos sobre receber bênçãos externas e mais sobre gerar coerência interna. O sagrado não é trazido para fora — ele é despertado dentro.

Essa perspectiva revela a beleza exigente do culto zoroastriano: nada é concedido sem consciência. A fé, nesse contexto, é menos crença e mais postura. É a disposição constante de viver na presença da luz, mesmo quando o mundo ao redor parece envolto em sombra. E os rituais, com sua disciplina, seu simbolismo e sua profundidade, funcionam como mapas para essa travessia espiritual. Eles lembram que o contato com o divino não depende apenas do desejo, mas da preparação — da clareza de espírito, da firmeza de intenção, da retidão do coração.

Por isso, ao invocar os Yazatas, os Amesha Spentas ou mesmo Ahura Mazda, o fiel zoroastriano não apenas realiza um ato devocional, mas participa de uma reconstrução simbólica do universo. Cada prece, cada oferenda, cada chama acesa é uma afirmação de que o mundo pode, sim, permanecer em ordem — desde que haja alguém disposto a sustentar essa ordem com verdade. E assim, o ritual deixa de ser apenas um gesto religioso para tornar-se, em seu sentido mais profundo, um compromisso ético com a luz.

Capítulo 28
Entidades Femininas

No vasto panteão espiritual do Zoroastrismo, onde cada entidade manifesta um aspecto da criação e da ordem cósmica, as figuras femininas não são marginais nem secundárias — são centrais, essenciais, nutridoras e transformadoras. Elas não representam apenas o aspecto passivo ou receptivo da realidade, como em tantas tradições que relegaram o feminino a uma função de suporte. No Zoroastrismo, o feminino é força ativa, consciência espiritual e fundamento moral. As entidades femininas não apenas coexistem com os princípios masculinos — elas os complementam, os equilibram e, por vezes, os guiam.

A primeira e mais elevada entre elas é Spenta Armaiti, a Devoção Amorosa, a encarnação da humildade e da terra. Seu nome já revela a natureza de sua presença: "Spenta" (benéfica, expansiva) e "Armaiti" (piedade, entrega, amor fiel). Ela não é apenas um princípio abstrato: é presença concreta na terra que sustenta, nos campos que alimentam, no solo que acolhe os corpos após a morte. Ela é a força espiritual do acolhimento silencioso e do serviço incondicional. É por meio dela que a criação permanece firme e que o ser humano aprende a se curvar sem se rebaixar, a servir sem perder a dignidade.

Spenta Armaiti também é a guardiã da fé viva. Ela não exige dogmas — exige coerência. Seu amor não é romântico nem abstrato, mas feito de gestos concretos: o cuidado com a terra, o respeito ao alimento, a gratidão silenciosa pelas dádivas diárias. Seu feminino é firme, maternal, inflexível no zelo pela ordem moral. É a ela que o fiel recorre quando deseja purificar a si mesmo da arrogância, da dureza, da desatenção espiritual. Seu ventre é o espaço onde o espírito se reconcilia com a existência.

Outra figura de imenso poder e alcance é Anahita, a Senhora das Águas. Ela é mais do que uma Yazata — é uma rainha celeste. Ligada à fertilidade, à pureza, à proteção das mulheres e à fluidez espiritual, Anahita representa o poder feminino em sua forma majestosa. Ela governa os rios, as chuvas, os nascimentos, os processos ocultos da gestação e da renovação. Sua presença era tão poderosa na tradição iraniana que muitos de seus traços se espalharam para outras religiões e culturas, sendo celebrada até mesmo sob nomes diferentes, mas com a mesma essência.

Anahita não se limita a proteger — ela combate. Suas águas não apenas curam: afogam os demônios da impureza. Seu domínio não é só doçura: é rigor. O feminino aqui não é sinônimo de fragilidade, mas de potência incontrolável, como os rios que transbordam, como as marés que limpam. Ela exige pureza, mas também oferece misericórdia. Aqueles que a invocam com sinceridade, mesmo após erro, são acolhidos.

Aqueles que a usam como amuleto sem devoção, não são reconhecidos. Anahita vê o íntimo — e responde à verdade interior.

Há ainda uma figura mais oculta, mas de enorme importância espiritual: Daena, a personificação da consciência moral e da visão espiritual. Seu nome significa "visão" ou "perspectiva interior". Ela é descrita como uma bela mulher que se aproxima da alma após a morte, assumindo a forma correspondente à vida vivida: bela e radiante para os justos, sombria e disforme para os que viveram em mentira. Ela é o espelho do ser. É a verdade refletida em forma feminina. E é com ela que a alma se depara antes de cruzar a ponte Chinvat.

Daena não é entidade que possa ser enganada. Ela é criada pela própria alma ao longo da vida. Cada pensamento verdadeiro, cada gesto justo, cada palavra reta molda sua beleza. Cada desvio, cada mentira, cada crueldade fere sua forma. Ela é a companheira inevitável — o espelho que segue o espírito até o fim. Não como punição, mas como revelação. E é sua mão que se estende na travessia para guiar, ou sua ausência que torna o caminho impossível de ser percorrido.

Essas três entidades — Armaiti, Anahita e Daena — formam um triângulo de força espiritual feminina. Armaiti sustenta, Anahita purifica, Daena revela. Juntas, elas mostram que o feminino no Zoroastrismo não é atributo passivo ou decorativo: é matriz espiritual do real. São forças que modelam a consciência, o corpo, o destino. Representam a profundidade do acolhimento, a fúria da limpeza, a clareza da verdade. São aspectos da criação, mas também da salvação.

O culto às entidades femininas no Zoroastrismo é discreto, mas essencial. Não há templos exclusivos a elas, mas há espaços simbólicos onde sua presença é mais intensa: as águas correntes, os campos cultivados, os altares onde o fogo e a água se encontram. As mulheres, ao rezar, ao dar à luz, ao cuidar dos mortos, tornam-se canais vivos dessas entidades. Os homens, ao honrá-las, reconhecem o feminino não como outro, mas como parte. E ao invocá-las, todos os fiéis acessam uma força que transcende os gêneros: a força da vida que se curva sem ceder, que se entrega sem se perder.

Essas entidades também refletem arquétipos profundos. Armaiti é a mãe silenciosa que vigia a semente sob a terra. Anahita é a guerreira das águas que protege os vulneráveis. Daena é a amante da verdade que se torna juíza após a morte. Elas vivem não apenas nos ritos, mas nos sonhos, nas escolhas, nos instintos éticos. São presenças interiores, espelhos do que cada ser humano pode ser quando está em harmonia com a criação.

No tempo atual, onde o feminino foi tantas vezes distorcido, silenciado ou marginalizado, a tradição zoroastriana oferece um modelo profundo de reverência e integração. Não se trata de exaltar o feminino por oposição ao masculino, mas de compreendê-lo como presença ativa e estruturante. As entidades femininas não pedem adoração cega — pedem alinhamento com a verdade. Não exigem sacrifício — pedem pureza. E sua recompensa é clareza, proteção e força interior.

No silêncio cotidiano das ações éticas, no cuidado com o mundo e na atenção à interioridade, essas entidades femininas continuam a viver e a agir. Elas não dependem de grandes rituais ou cerimônias suntuosas para manifestar sua presença: sua força se revela nas atitudes coerentes, nos gestos de compaixão e nos momentos de sinceridade profunda. Armaiti, Anahita e Daena são invocadas não apenas com palavras, mas com o modo de estar no mundo. Cada vez que alguém escolhe a humildade diante da arrogância, a pureza diante do caos, a verdade diante da ilusão, essas figuras se tornam presentes, como fios invisíveis ligando o humano ao sagrado.

É nesse sentido que o feminino zoroastriano ultrapassa o simbolismo religioso e penetra a esfera da ética vivida. Ele oferece uma via espiritual onde o poder não se opõe ao cuidado, onde a firmeza convive com a entrega, onde a justiça se entrelaça com a misericórdia. As entidades femininas não competem com os princípios masculinos — elas os desafiam a crescer, a se elevar, a se tornarem mais compassivos. Elas são o sopro que desperta, a água que purifica e o espelho que revela. E por isso, sua presença permanece vital em um mundo que ainda busca equilíbrio entre força e ternura, entre razão e intuição.

Assim, o feminino no Zoroastrismo não é apenas lembrança de uma antiga sabedoria, mas um convite atual à integração do espírito com a verdade da vida. Ao reconhecer essas entidades como partes vivas da experiência espiritual, o fiel não apenas honra uma tradição ancestral — ele se compromete com uma existência mais íntegra, mais lúcida, mais justa. E nesse compromisso silencioso, essas figuras eternas continuam a guiar a humanidade em direção à sua essência mais luminosa.

Capítulo 29
Religião Viva

Entre os ecos antigos das escrituras do Avesta e as brasas vivas nos altares dos templos, pulsa um coração ainda vibrante: o Zoroastrismo permanece uma religião viva. Suas entidades espirituais, seus rituais, suas preces e sua visão moral do mundo não pertencem apenas ao passado — continuam a guiar, a iluminar, a transformar a vida de comunidades reais. E é no cotidiano dos parsis na Índia, dos iranis no Irã, e de fiéis espalhados pelo mundo, que o Panteão Espiritual zoroastriano respira, age, responde.

Essa permanência não ocorre sem desafios. O Zoroastrismo, uma das religiões monoteístas mais antigas da humanidade, não possui hoje o mesmo número de seguidores de grandes tradições globais. Seus praticantes, embora resilientes, vivem cercados por uma pluralidade religiosa intensa e por modernizações que exigem adaptação. Ainda assim, em cada lar onde a chama sagrada é acesa ao amanhecer, em cada festival sazonal onde se cantam os Gathas, em cada criança que aprende a recitar o Ashem Vohu, a tradição se renova com a mesma força do primeiro sopro criador de Ahura Mazda.

A presença das entidades espirituais nesse contexto contemporâneo é mais do que simbólica: elas são parte ativa da vida espiritual diária dos fiéis. Os Yazatas, por exemplo, não são apenas lembrados em livros sagrados — são invocados nas orações, mencionados nas festas, reconhecidos como forças em operação no mundo. Mithra continua sendo um pilar de integridade nos negócios e relações sociais. Seu papel como protetor dos pactos tornou-se ainda mais relevante em tempos de contratos quebrados e palavras voláteis. Recitar seu nome é reafirmar o valor da honra.

Anahita permanece viva em cada ritual de purificação. Suas águas sagradas, ainda que muitas vezes simbólicas em contextos urbanos, mantêm sua força de regeneração e cura. Nos festivais e cerimônias matrimoniais, é comum encontrar invocações à sua fertilidade e à sua bênção protetora sobre os lares. Seu feminino sagrado se atualiza nas mulheres que lideram comunidades, que preservam a tradição com sabedoria e firmeza.

Os Amesha Spentas, por sua vez, não são apenas conceitos teológicos — são guias morais vivos. Viver com Vohu Manah é cultivar pensamentos puros. Agir com Asha Vahishta é buscar a verdade no meio das sombras. Servir com Spenta Armaiti é trabalhar com humildade e reverência. A espiritualidade zoroastriana, por sua própria estrutura, é existencial — não depende de clérigos para ser vivida. Cada fiel, ao agir com consciência, já realiza o culto.

O fogo sagrado, representando Atar, permanece o símbolo mais visível dessa continuidade. Nos templos ativos do Irã e da Índia — como o templo de Yazd ou o Atash Behram em Mumbai — a chama nunca se apaga. Ela é cuidada com zelo, alimentada com madeiras puras, reverenciada como presença do sagrado. Os fiéis que se reúnem em silêncio diante do fogo não o adoram como um ídolo, mas como canal direto de luz entre o mundo material e a realidade espiritual. Sentar-se diante do fogo é, ainda hoje, um ato de escuta, um momento de alinhamento com a verdade interior.

A contemporaneidade também tem exigido adaptações. Muitos jovens zoroastrianos vivem em metrópoles globais, distantes de centros tradicionais de culto. Mas mesmo nesses contextos, os princípios do Zoroastrismo encontram novas formas de expressão: encontros comunitários, celebrações online dos festivais sazonais, estudo dos textos sagrados em grupos virtuais, transmissão dos cânticos através de plataformas digitais. O sagrado zoroastriano entra no século XXI sem perder sua alma.

A continuidade do culto às entidades espirituais também passa pelo ensino às novas gerações. Famílias zoroastrianas ensinam seus filhos desde cedo os nomes dos Amesha Spentas, os princípios da dualidade entre ordem e caos, o poder do livre-arbítrio. Em muitas casas, o Avesta é mantido em locais de destaque. O idioma avéstico, ainda que não mais falado, é preservado nas liturgias, como uma língua sagrada que liga o presente ao passado eterno.

Nos festivais religiosos, o panteão espiritual ganha cores, aromas, músicas e formas. No Nowruz, o Ano Novo persa, cada elemento sobre a mesa do Haft-

Seen remete a princípios espirituais — saúde, verdade, paciência, renascimento. Os Yazatas são lembrados como guardiões dos ciclos naturais, como protetores da renovação. No Farvardigan, os Fravashis dos ancestrais são honrados com devoção. Casas são limpas, orações são recitadas, altares improvisados recebem velas e flores. É o tempo em que os vivos abrem espaço para os mortos, em que o invisível e o visível celebram juntos.

E há ainda aqueles que, não nascidos em famílias zoroastrianas, se aproximam da tradição por sua profunda visão ética do mundo. Buscam o Zoroastrismo não por promessa de salvação, mas por ressonância interior com a ideia de que viver com bons pensamentos, boas palavras e boas ações é, por si só, caminho de transformação espiritual. Alguns se convertem, outros apenas aprendem. Em todos, o panteão espiritual continua a tocar, a inspirar, a mover.

O Zoroastrismo não precisa de proselitismo para crescer — ele floresce onde há verdade, onde há luz, onde há compromisso com a retidão. E assim, suas entidades não vivem apenas nos templos, mas em cada escolha feita com ética, em cada gesto de cuidado com a criação, em cada decisão tomada com o coração voltado à ordem cósmica.

A religião zoroastriana, portanto, vive porque é vivível. Ela não exige sacrifícios impensados, nem fé cega, nem dogmas opacos. Ela convida à consciência, ao discernimento, à responsabilidade. E suas entidades espirituais, em vez de ficarem encerradas no passado, descem ao presente com a mesma força com que sempre agiram: como companheiras, como guias, como protetoras.

Essa vitalidade que emana do Zoroastrismo revela um modelo religioso que não se contenta com a memória, mas insiste na presença. O sagrado, aqui, não é relíquia — é relevo cotidiano, corpo vivo que respira nas decisões éticas e na relação com o mundo. A chama que não se apaga nos templos também arde nos interiores de quem se orienta pela justiça, pela retidão e pela clareza de espírito. E é justamente essa dimensão vivencial, que independe de números, de reconhecimento institucional ou de hegemonia cultural, que garante à religião zoroastriana uma continuidade que não se curva ao tempo, mas se reinventa dentro dele.

O que se preserva, então, não é apenas um conjunto de símbolos ou de narrativas, mas uma forma de estar no mundo que afirma o bem como escolha ativa. Em um cenário global de incertezas morais e desorientações espirituais, o Zoroastrismo oferece um caminho centrado na liberdade responsável — um caminho onde o ser humano é chamado a ser coautor da ordem cósmica. Os Yazatas e os Amesha Spentas, mais do que entidades distantes, são rostos da virtude em ação, arquétipos que convidam o fiel a refletir, decidir e agir com lucidez. São, também, pontes entre o interior e o exterior, entre o eterno e o presente.

É nessa dinâmica contínua entre tradição e transformação que a religião se mantém viva. Porque enquanto houver quem, ao acordar, se lembre de agir com bons pensamentos; enquanto houver quem, diante do fogo ou diante da dúvida, opte pela verdade; enquanto houver uma criança que aprenda um canto sagrado com os olhos acesos de encantamento — o Zoroastrismo seguirá pulsando. Não como eco de um passado glorioso, mas como força viva que ainda inspira o mundo a ser melhor.

Capítulo 30
Reflexão Filosófica

Há um momento na jornada do fiel zoroastriano — após o estudo, após a prática, após a vivência constante dos ritos e das orações — em que a mente se aquieta e o espírito se volta para dentro. Não em busca de novas respostas exteriores, mas para escutar o eco interior das verdades já reveladas. Nesse instante, cada entidade espiritual deixa de ser apenas figura, nome, função ou poder. Elas se tornam arquétipos vivos, dimensões da própria alma, espelhos da jornada interior. O Panteão Espiritual do Zoroastrismo, então, revela sua face mais profunda: a de um mapa simbólico da alma humana em sua busca pela luz.

Cada entidade estudada ao longo desta obra pode, agora, ser compreendida não apenas como um ser espiritual externo, mas como um guia interno — uma faceta do próprio ser em sua jornada de autodescoberta, purificação e elevação. O Zoroastrismo, longe de ser apenas uma teologia exógena, revela-se como uma filosofia espiritual que oferece ao indivíduo uma bússola moral e uma estrutura arquetípica para o crescimento da alma.

Ahura Mazda, a Inteligência Suprema, é a luz original que brilha dentro de cada consciência desperta.

Ele não é apenas um Deus que criou o mundo — é o princípio da sabedoria que habita no âmago da mente justa. Ele é o "eu superior" que chama a alma a viver de acordo com a verdade, a compaixão e a ordem. Refletir sobre Ahura Mazda é reconhecer que há uma centelha divina que nos guia não por imposição, mas por inspiração.

Angra Mainyu, por sua vez, não é apenas um espírito do mal exterior. Ele representa o potencial da autossabotagem, a força do ego corrompido, do medo, da mentira, do orgulho e da inércia. Ele age nas escolhas cotidianas em que optamos por ignorar o bem em favor do mais fácil, do mais conveniente, do mais ilusório. Vencê-lo não é destruir um ser, mas libertar-se de suas influências internas.

Os Amesha Spentas são mais do que auxiliares cósmicos — são qualidades espirituais que cada alma deve cultivar. Vohu Manah, a Boa Mente, representa a capacidade de pensar com clareza, compaixão e honestidade. Ele é o discernimento que precede toda boa ação. Asha Vahishta, a Verdade Suprema, é o eixo interior de justiça e retidão. Ela é a capacidade de alinhar-se ao real sem distorções. Khshathra Vairya é o poder interior que rege com justiça e coragem, não com tirania. Ele é a força de se manter firme no bem. Spenta Armaiti é a humildade e a devoção, a entrega silenciosa à verdade maior. Haurvatat, a Plenitude, é a integração dos aspectos da alma, a saúde emocional e espiritual. Ameretat, a Imortalidade, é o sentido da eternidade que habita na alma desperta — aquilo que não morre porque jamais deixou de estar alinhado com o Bem.

Os Yazatas, em sua multiplicidade, refletem os aspectos mais dinâmicos da experiência espiritual. Mithra, o juiz dos pactos, é a consciência que vela sobre a integridade das nossas palavras. Ele é o compromisso que assumimos com nossa própria evolução. Anahita, a purificadora, é a capacidade de nos lavarmos das máculas emocionais, de reiniciar com leveza. Tishtrya, que traz as chuvas, é o potencial de renovação que a alma carrega — a fé de que mesmo em tempos de aridez, a fertilidade espiritual pode retornar.

Sraosha, o guardião da escuta, é o arquétipo do silêncio interior — a parte de nós que escuta o chamado da alma, que permanece desperta mesmo quando o mundo adormece. Rashnu, o pesador, é o nosso senso de justiça interna, que pesa atos não com culpa, mas com lucidez. Atar, o fogo, é o fogo da consciência, da transformação, do despertar. Queima o que é falso, aquece o que é verdadeiro. Ele é o "fogo interno" que todo místico reconhece.

Haoma, a planta divina, é o símbolo do alimento espiritual — aquilo que cura, que fortalece, que renova. Em sua dimensão interna, ele representa a sabedoria assimilada: a palavra viva que nutre, a verdade que se transforma em força. Fravashis, os protetores, são os reflexos do nosso eu superior, os ancestrais espirituais que habitam o campo da consciência coletiva. São nossos próprios melhores futuros possíveis, já realizados na luz, que nos chamam desde além do tempo.

E por fim, entidades como Daena, a consciência revelada após a morte, mostram que o Zoroastrismo entende a jornada espiritual como um processo integral.

Tudo o que se é, tudo o que se faz, tudo o que se pensa, molda a realidade interior. Não há separação entre o mundo espiritual e a vida prática. O céu e o inferno são experiências resultantes da qualidade do ser. O julgamento não é externo, mas interno — a alma se revela a si mesma, e isso basta.

Essa perspectiva filosófica do panteão zoroastriano nos convida a uma nova postura: a de discípulo do próprio espírito. Cada nome estudado, cada entidade invocada, cada rito realizado foi, na verdade, uma etapa da jornada de autoconhecimento. Invocar os nomes sagrados é ativar qualidades interiores. Honrar os Yazatas é reconhecer que há forças dentro de nós esperando por expressão. A religião, então, se torna caminho iniciático, a cosmologia se torna psicologia espiritual, e os mitos se tornam metáforas vivas da alma.

O Zoroastrismo, em sua origem, não propunha apenas uma teologia, mas uma filosofia do viver com verdade. A batalha entre Ahura Mazda e Angra Mainyu acontece no mundo, sim — mas começa na alma de cada ser humano. A ponte Chinvat está em cada escolha ética. A balança de Rashnu se movimenta a cada pensamento. E a escuta de Sraosha é ativada sempre que silenciamos o ego para ouvir a luz.

Essa é a profundidade do panteão zoroastriano: não se trata de um sistema politeísta de culto a múltiplos deuses, mas de um código espiritual multidimensional, onde cada ser representa uma virtude, uma energia, uma parte do Todo. É uma estrutura viva, que pode ser usada como mapa de meditação, como base de ética, como guia para decisões existenciais. E quanto mais o fiel interioriza essas entidades, mais ele se aproxima da sua própria essência luminosa.

Essa interiorização do panteão não é apenas uma abstração filosófica, mas uma experiência concreta para quem trilha o caminho da consciência. À medida que cada entidade é reconhecida como aspecto vivo do próprio ser, a espiritualidade deixa de depender de intermediações e se transforma em intimidade radical com a verdade. O fiel já não caminha em busca de salvação como algo distante, mas desperta para a percepção de que a salvação é um processo contínuo de alinhamento com o que há de mais elevado em si. A religião, então, torna-se presença — não uma estrutura a ser seguida por medo, mas um horizonte a ser habitado com lucidez e amor.

Essa vivência do sagrado como experiência interna não exclui o mundo, mas o inclui em outra chave: a da ação ética iluminada pela introspecção. O que antes era visto como ritual externo ganha potência simbólica e prática como gesto consciente. Acender o fogo, purificar com água, entoar os cânticos — tudo se ressignifica quando feito com o entendimento de que cada ato externo reflete uma disposição interna. O Zoroastrismo revela, assim, seu caráter profundamente iniciático: cada etapa de sua cosmologia é um convite a atravessar as camadas do ego, até alcançar o centro luminoso do ser, onde a centelha de Ahura Mazda permanece intacta.

Nesse ponto da jornada, já não há necessidade de separar religião, filosofia e psicologia: tudo converge para a mesma fonte. O fiel que chegou aqui não se limita a crer — ele sabe, porque vive. E nessa vivência, compreende que o bem não é um ideal distante, mas uma escolha cotidiana. Que as entidades não estão no além, mas dentro. Que o julgamento não virá, porque já está acontecendo. E que a alma, ao espelhar-se nesse panteão arquetípico, descobre o que sempre foi: luz em movimento, parte inseparável do Todo.

Capítulo 31
Unidade na Diversidade

Ao alcançar o ápice da contemplação espiritual zoroastriana, compreende-se uma verdade que transcende a complexidade do panteão, a riqueza dos rituais e a multiplicidade dos nomes: há, no coração de todas as formas, uma única luz. Essa luz é Ahura Mazda, origem e destino de tudo o que é bom, verdadeiro e ordenado. E embora Ele se manifeste em miríades de seres — Amesha Spentas, Yazatas, Fravashis, arquétipos espirituais, entidades femininas e masculinas —, todos esses não são fragmentações de um todo, mas expressões de uma unidade plena. A diversidade espiritual do Zoroastrismo é, em sua essência, um hino à unidade da criação.

Cada entidade espiritual, como foi revelado ao longo da jornada, cumpre uma função precisa dentro do grande corpo cósmico. Mas nenhuma atua de modo isolado. Como os órgãos de um organismo vivo, eles se entrelaçam, se comunicam, se completam. Vohu Manah prepara a mente para acolher a verdade de Asha Vahishta. Spenta Armaiti acolhe no coração o que Khshathra Vairya organiza em ação justa. Haurvatat e Ameretat, juntas, restauram a integridade e a eternidade da alma, formando uma dupla que anuncia a plenitude da vida.

Os Yazatas, por sua vez, são como os nervos sensíveis do universo. Cada um responde a um campo da criação. Mas todos obedecem ao mesmo princípio: o de manter o mundo coeso, belo, funcional. Não competem, não se sobrepõem, não reivindicam glória. Sua glória é servir à ordem de Ahura Mazda. Eles são a prova de que, mesmo na multiplicidade, é possível viver em perfeita harmonia. E essa harmonia é reflexo da ordem primordial, a ordem que existia antes do tempo, antes da criação, e que continuará a existir quando o mundo for renovado.

O Zoroastrismo, ao sustentar essa unidade por meio da diversidade, apresenta uma concepção profundamente inclusiva do sagrado. Não se trata de reunir nomes por acumulação. Trata-se de compreender que cada nome é uma face da Verdade. Cada ser espiritual representa uma via de acesso ao real. Não há hierarquia entre eles no sentido humano de poder, mas sim uma organização funcional que revela o valor de cada parte no todo. O que sustenta o céu não é apenas a luz do sol, mas também a firmeza das estrelas. O que mantém a terra não é só a solidez das montanhas, mas também o fluxo das águas.

Essa visão também se reflete na vida humana. O indivíduo, ao viver com boas ideias, boas palavras e boas ações, atua como um microcosmo dessa harmonia maior. Ele se torna, por escolha e prática, um reflexo da ordem cósmica. E cada pessoa, independentemente de sua posição social, função familiar ou nível de conhecimento, possui uma centelha dessa luz unificadora. Ahura Mazda habita igualmente em todos, e se manifesta com plenitude naqueles que escolhem o bem com firmeza.

Os rituais, os nomes, as oferendas, os cânticos — todos esses instrumentos, embora preciosos, não são fins em si mesmos. Eles são meios. Portais. Linguagens. O verdadeiro destino da alma zoroastriana não é apenas realizar ritos com perfeição, mas alinhar-se com a luz única que dá sentido a todas as práticas. E essa luz se manifesta nas ações cotidianas: na bondade com o próximo, na honestidade nos negócios, na compaixão com os animais, na reverência à natureza.

O Zoroastrismo também convida à contemplação dessa unidade fora dos limites religiosos. Ele é, em sua essência, uma teologia da escolha consciente. Toda alma é livre para aderir ao bem ou ao mal, à luz ou à sombra. E essa liberdade é prova da confiança que Ahura Mazda deposita em sua criação. Se o mal ainda existe, não é porque o bem seja frágil, mas porque a liberdade é real. E é nessa liberdade que cada alma revela sua face mais divina: ao escolher, incessantemente, a luz.

A multiplicidade das entidades também ensina que o sagrado pode se manifestar de muitas formas. Em uma estrela, em uma chama, em uma planta, em um gesto de silêncio. Aquele que tem olhos para ver e ouvidos para escutar reconhecerá que tudo — absolutamente tudo — pode se tornar via de conexão com o eterno. Não há lugar onde Ahura Mazda não esteja. Não há forma que, purificada, não possa revelar sua presença.

No fim de todas as invocações, de todos os estudos e meditações, o fiel zoroastriano compreende que as entidades espirituais são, em última instância, emanações do amor absoluto e da sabedoria infinita de Ahura Mazda. Nenhuma age por conta própria. Nenhuma se separa de sua origem. E por isso, o culto a elas é também culto ao Uno. A pluralidade, longe de dividir, revela a riqueza do que é uno. A luz, ao passar por um cristal, revela múltiplas cores — mas continua sendo uma só luz.

Essa sabedoria também serve de ponte entre tradições. O Panteão Espiritual do Zoroastrismo não se apresenta como verdade exclusiva, mas como uma estrutura simbólica profundamente universal. Todo aquele que vive com retidão, que busca a verdade, que cultiva o bem, mesmo sem conhecer os nomes dos Yazatas ou recitar os hinos do Avesta, está, de alguma forma, em comunhão com essa luz. A ética, a consciência, a compaixão — essas são línguas que todos compreendem. E o Zoroastrismo, em sua raiz mais profunda, fala todas elas.

Por isso, encerrar esta jornada não é fechar um livro — é abrir um caminho. O conhecimento do Panteão Espiritual zoroastriano não é um fim, mas um início. Um convite à interiorização, à prática diária, à contemplação da beleza presente na diversidade ordenada. Que cada nome estudado aqui não permaneça como palavra escrita, mas se torne força viva na alma do leitor. Que cada entidade se torne companheira de jornada, mestre interior, estrela no céu do espírito.

E se cada entidade for uma estrela, que o firmamento construído ao longo dessa travessia permaneça visível mesmo nos dias nublados da existência. A unidade que se revela na diversidade espiritual do Zoroastrismo não dissolve as diferenças — as honra. Ensina que a multiplicidade é linguagem do Uno, e que a beleza da criação está justamente em sua complexa harmonia. Não há virtude isolada, não há caminho solitário, não há salvação que seja apenas individual. Tudo pulsa em relação, em entrelaçamento, em sintonia. E é nessa rede viva de conexões que o ser humano se descobre parte ativa da ordem cósmica — não como espectador, mas como coautor.

Assim, conhecer o Panteão Espiritual é muito mais do que aprender sobre entidades sagradas. É aprender a olhar o mundo com olhos de reverência, a perceber o sagrado no cotidiano, a reconhecer que toda forma verdadeira de bondade é uma extensão da luz de Ahura Mazda. Não há gesto justo que não ressoe no tecido do universo. Não há oração sincera que não encontre eco. O ensinamento profundo dessa unidade é o de que, mesmo diante do caos aparente, há uma ordem silenciosa operando — e que o fiel, ao escolher o bem, a reforça, a expande, a manifesta.

Essa é, enfim, a herança viva do Zoroastrismo: um chamado à lucidez, à liberdade responsável, à comunhão com o princípio luminoso que tudo sustenta. O panteão, com toda sua riqueza simbólica, não é um labirinto a ser decifrado, mas um espelho multifacetado que reflete a jornada do espírito em direção à inteireza. E que essa jornada siga, agora, dentro de cada leitor —

silenciosa, firme, luminosa — como a chama que jamais se apaga.

Epílogo

Há um momento, após a última página, em que o silêncio ganha densidade. Não o silêncio da ausência, mas o da presença profunda. É nesse instante que o conhecimento deixa de ser leitura e passa a ser revelação. E o que foi revelado neste percurso é mais do que uma cosmovisão ancestral — é um espelho espiritual que devolve ao ser humano a responsabilidade esquecida de ser um elo consciente entre o visível e o invisível.

O que pulsa neste livro não pertence apenas ao passado. É um chamado vivo. Um lembrete de que, por trás da história do Zoroastrismo, por trás dos nomes e rituais, existe uma arquitetura do real que continua ativa. A batalha entre luz e sombra não se limita aos mitos cósmicos ou aos personagens celestes. Ela está presente em cada escolha, em cada pensamento que nasce na mente humana, em cada gesto aparentemente pequeno que, silenciosamente, inclina o destino de um mundo inteiro.

Ao longo destas páginas, tornou-se impossível ignorar a magnitude do livre-arbítrio. A revelação de que não estamos à mercê de forças cegas, nem de deuses irados, mas que habitamos um universo moralmente estruturado, onde cada ser é cocriador da ordem ou cúmplice do caos. Não há neutralidade. O real não aceita passividade. E é justamente essa lucidez ética que torna a jornada espiritual apresentada aqui tão transformadora.

O bem não é um conforto — é uma tarefa. A verdade não é uma crença — é um posicionamento. A espiritualidade, como aprendemos nas palavras de Zaratustra, não se define por dogmas repetidos, mas por ações alinhadas com a ordem cósmica. Viver com retidão é, no Zoroastrismo, o mais elevado ato de fé. E isso exige vigilância, exige clareza, exige coragem.

Ao final desta leitura, é possível perceber que o propósito não era apresentar um sistema fechado de crenças, mas abrir espaço para que a consciência respirasse novamente. Os Amesha Spentas não são personagens míticos — são arquétipos vivos dentro de nós, aspectos da sabedoria universal que habitam o nosso próprio ser. A Boa Mente, a Verdade Suprema, a Devoção Amorosa, a Plenitude, a Imortalidade... cada uma dessas emanações é também um convite à integração interior. Elas apontam o caminho de volta para o centro — um centro que não se encontra em templos distantes, mas no íntimo do próprio espírito.

Também não há como sair ileso da confrontação com Angra Mainyu — o princípio da destruição. Não como entidade distante, mas como sussurro recorrente em nossas indecisões, em nossas mentiras internas, em nossa tendência de adiar o bem por conveniência. O livro não o apresenta como caricatura do mal, mas como realidade simbiótica que só pode ser enfrentada com integridade inegociável. Ao reconhecer esse adversário, reconhecemos também a nossa força. Pois toda sombra só revela sua fraqueza diante de uma luz que se recusa a apagar-se.

E essa luz — esse fogo interior — é a maior herança deste legado espiritual. Não um fogo para consumir, mas para purificar. Um fogo que se acende na consciência e se mantém pela coerência entre pensamento, palavra e ação. O fogo de Ahura Mazda não precisa de altares externos; ele vive onde há verdade, onde há compaixão, onde há firmeza silenciosa diante do que é justo. Ele não queima para ser adorado, mas para lembrar que a presença divina é clareza, é direção, é sabedoria viva.

Neste ponto da jornada, o leitor não sai apenas informado — sai transformado. Pois há sementes plantadas aqui que continuarão germinando nos espaços invisíveis do cotidiano. Talvez em um momento de dúvida, talvez diante de uma escolha difícil, talvez num gesto simples de cuidado com a terra, com o outro, consigo mesmo. O verdadeiro rito zoroastriano não está nos templos, mas na atenção à vida como sagrada. Não há separação entre o espiritual e o mundano quando se aprende a ver com os olhos da alma desperta.

Encerrar esta leitura é, na verdade, iniciar um novo ciclo. Um ciclo onde o conhecimento se converte em postura, onde a fé se transforma em ação, onde o sagrado se encarna na rotina. A ponte foi atravessada — e agora é impossível voltar ao mesmo ponto de onde se partiu. Porque quem compreende a grandeza da escolha, não se permite mais viver no piloto automático. A revelação, uma vez recebida, não pode ser esquecida sem consequência.

Você agora carrega consigo mais do que informações: carrega um chamado. Um chamado à lucidez, à retidão, à construção ativa de um mundo onde o bem não seja exceção, mas fundamento. Não há como prever como isso se manifestará em sua jornada pessoal. Mas uma coisa é certa: a semente foi plantada. E, como tudo que é verdadeiramente sagrado, ela saberá florescer no tempo certo.

Que a luz que ardeu nessas páginas continue acesa dentro de você. Que o silêncio que resta após a leitura seja fértil. E que a chama da consciência — este templo vivo que não se dobra ao tempo — jamais se apague.

www.ingramcontent.com/pod-product-compliance
Lightning Source LLC
LaVergne TN
LVHW040055080526
838202LV00045B/3647